Yvonne Wagner

Der Weg zum Kita-Portfolio

Dokumentationen im Team entwickeln

Haben Sie Anregungen oder Kritikpunkte zu diesem Produkt?
Dann senden Sie eine E-Mail an service@schubi.com
Autorin und Verlag freuen sich auf Ihre Rückmeldung.

Die Autorin

Yvonne Wagner arbeitete nach ihrer Ausbildung zur Erzieherin in München als Leitung in verschiedenen Kitas. Nach dem Besuch eines Werklehrerseminars gab sie Werk- und Bastelkurse in der eigenen Werkstatt. Schließlich schlug sie den Bogen zum Schreiben und veröffentlicht heute Bücher und Fachartikel mit den Schwerpunkten Frühpädagogik und Kreativität.

Bildquellenverzeichnis

Bildungsverlag EINS, Troisdorf: Umschlagfoto, S. 86; Bildungsverlag EINS, Troisdorf/Nadine Dilly: S. 65, 74; © Fotolia.com: S. 7 (Mayangsari), 15 (Brebca), 40 (Monika Adamczyk), 50 (Roman Minarov), 84 (Uschi Hering), 93 (Oliv), 96, 110, 117 (Grischa Georgiew), 111 (Christa Eder), 113 (artivista | werbeatelier), 115 (Anette Linnea Rasmussen), 116 (Andre Bonn), 131 (Steven Belanger), 135 (Hallgerd); Maria-Kempter-Kindergarten in Söcking bei Starnberg: S. 28; mauritius images/age: S. 81; mauritius images/imagebroker: S. 84; Wagner, Yvonne: S. 8, 11, 13, 23, 26 (unten), 31, 33, 36, 38, 39, 44, 52, 55, 56, 57, 58, 59, 61, 62, 63, 64, 69, 71, 80, 88, 91, 92, 94, 96, 99, 100, 102, 105, 121, 122, 123, 125, 145, 148, 156, 157, 159, 160, 161, 165

Sie finden uns im Internet unter:
www.schubi.com
www.bildung-von-anfang-an.de

CH-8207 Schaffhausen
service@schubi.com
www.schubi.com

2. Auflage 2013

ISBN: 978-3-86723-512-9

No BV 50 461

Inhalt

Vorwort

Jeden Tag lernt ein Kind etwas Neues. Es beginnt mit einfachsten Bewegungen, die sich bis zu feinmotorischen Höchstleistungen entwickeln. Das Gehirn verknüpft währenddessen ständig neue Nervenverbindungen, sogenannte Synapsen, die durch Schlüsselreize (Sinneserfahrungen) angeregt werden. Emotional entdeckt das Kind seine Bedürfnisse und entwickelt ein Gespür für die Gefühlswelt anderer. Das intellektuelle Lernen ist es, was wir mit „Bildung" verbinden: Wortschatz erweitern, Sätze bilden, Zusammenhänge überschauen usw. Ist ein neues Wort aber in den Wortschatz aufgenommen, eine Fertigkeit erworben, ist der Moment des Lernens schnell vergessen. Wenn nicht ein anderer Mensch bemerkt, wie sich das Kind weiterentwickelt, es darauf aufmerksam macht, es lobt und ermuntert, werden der Lernfortschritt und der Lernweg bald als selbstverständlich hingenommen und geraten schnell in Vergessenheit.

In Zeiten immer größer werdender Leistungsansprüche und gleichzeitig enormer Belastung durch die ständig schneller werdende Entwicklung der Gesellschaft und Umwelt müssen Kinder funktionieren. Sie haben kaum mehr Zeit, sich kindgerecht zu entfalten. In Kindergarten, Krippe und Hort ist daher besonderes Augenmerk auf die kindgerechte Lernförderung und persönliche Entwicklung des Kindes zu richten. Hierbei sollte das Lerntempo jedes Einzelnen berücksichtigt werden. In den typischen altershomogenen Vorschulgruppen ist das problematisch, weil die Kinder einen sehr unterschiedlichen Entwicklungsstand haben. So erwirbt ein Kind die Fähigkeit, abstrakte Zahlen zu verstehen, etwa im Alter von sieben Jahren. Dabei besteht aber eine Toleranzspanne von etwa plus/minus zwei Jahren. Demnach findet das Erreichen dieses Lernziels im Alter von fünf bis neun Jahren statt. Diese Systematik lässt sich in vielen Lern- und Entwicklungsbereichen beliebig fortsetzen. Lernen findet also zeitlich individuell statt und ist abhängig von inneren und äußeren Komponenten (Vererbung, Förderung im Elternhaus, sozialer und finanzieller Hintergrund, Familienstruktur usw.). Auswertungssysteme, nach denen Lernziele pünktlich erreicht werden müssen, sind deshalb weder hilfreich noch realistisch.

Die Bildungspläne der einzelnen Bundesländer fordern ein sinnvolles und transparentes Beobachtungs- und Dokumentationssystem in allen frühpädagogischen Einrichtungen. Das bedeutet, jedes Kind soll für gewisse Zeit die ungeteilte Aufmerksamkeit des Betreuungspersonals erhalten; seine eigenen Stärken, Talente und Interessen stehen hier im Vordergrund. Doch wie sollen die Erzieherinnen dieser Anforderung gerecht werden, wo doch die kurze Zeit in großen Gruppen mit wenig Personal kaum ausreicht, den Kindern überhaupt gerecht zu werden?

„Der Weg zum Kita-Portfolio“ möchte das pädagogische Personal darin unterstützen, einen Weg zu finden, die Lernwege und Entwicklungsgeschichte jedes einzelnen Kindes sinnvoll und zeitsparend zu dokumentieren und darzustellen. Erzieherinnen müssen sich nicht vor Mehrarbeit fürchten, sondern offen sein, neue Wege zu gehen, die schließlich die Arbeit klarer strukturiert, offenlegt und letztendlich auch erleichtert.

Dieses Buch zeigt Wege auf, Kindergarten-Teams an die Portfolio-Methode heranzuführen und den Einstieg Schritt für Schritt zu erleichtern. Auch die Motivation der Eltern wird thematisiert und anhand eines Beispiel-Elternabends verdeutlicht. Schließlich befinden sich konkrete Anregungen und Beispiele für die Umsetzung der Portfoliomethode mit den Kindern in diesem Buch. Kopiervorlagen und Leitfäden erleichtern den Einstieg und helfen, Zeit zu sparen.

Liebe Erzieherinnen und liebe Kinderpflegerinnen, profitieren Sie von der Arbeit mit Portfolios, indem Sie sich darauf einlassen. Portfolios sind nicht zuletzt eine Brücke zwischen Erzieherin, Kind und Eltern sowie auch dem Team untereinander. Nutzen Sie die Möglichkeit, noch enger und intensiver zusammenzuarbeiten, um Ihren Arbeitsalltag lebendiger und lebenswerter zu gestalten.

Viel Erfolg wünscht Ihnen die Autorin Yvonne Wagner.

In diesem Band wird aus Gründen der besseren Lesbarkeit und zur Vereinfachung von der Berufsgruppe der Erzieherinnen gesprochen; in diesen Fällen sind die männlichen Kollegen selbstverständlich immer mitbedacht.

1 Was ist ein Portfolio?

1 Was ist ein Portfolio?

1.1 Begriffserklärung und Entstehungsgeschichte

Das Wort „Portfolio“ hat seine sprachliche Herkunft im Italienischen. „Portafoglio“ (zusammengesetzt aus „portare“ für tragen und „foglio“ für Blatt) heißt übersetzt „Brieftasche“. In der Wirtschaft wird es gleichgesetzt mit „portefeuille“ (aus dem Französischen = Mappe). Das Portfolio oder Portefeuille steht also für eine Zusammenstellung von Dokumenten, Leistungsnachweisen oder Ähnlichem in einer Mappe.

Portfolios gibt es in vielen Bereichen der Arbeitswelt. Besonders in der Wirtschaft und bei Künstlern sind sie ein beliebtes Mittel, um sich und seine Stärken vorzustellen.

Portfolio – ein Spiegel der eigenen Leistungen

Das Zusammenstellen der eigenen Leistungen und Stärken hilft Künstlern, Finanzberatern, Fotografen usw., sich bei potenziellen Auftraggebern vorzustellen. Sie haben sich bei der Erstellung des Portfolios mit ihrer eigenen Arbeit intensiv auseinandergesetzt und reflektiert, was sie besonders gut können und wo ihre Schwerpunkte liegen. Jetzt tragen sie diese Mappe unter dem Arm mit dem Bewusstsein, gut gewappnet zu sein.

Bewerber stellen heute häufig ihre Stärken und Leistungen in einem Portfolio zusammen.

Für den Bildungsbereich wurde der Begriff in Deutschland vermutlich erstmals in den 1990er Jahren übernommen. Mit der Bildungsreform entstanden vielerorts neue Ideen für Bewertungsmöglichkeiten in der Schule. Angeregt durch „Assessment Portfolios“ im englischsprachigen Raum fand schließlich auch in Deutschland die Portfoliomethode erste Anhänger. Wird in Schulen bereits häufig auf „Lerntagebücher“, „Projektportfolios“ usw. als Beurteilungsinstrument zurückgegriffen, dienen Portfolios im Kindergarten in erster Linie der Selbstreflexion des Kindes. Es soll seine Stärken erkennen und sein Selbstwertgefühl mit dieser Erkenntnis aufbauen. Wobei das Portfolio aber keine „Angebermappe“ werden darf, die jedem unter die Nase gehalten wird.

Im pädagogischen Vokabular steht „Portfolio" also für die Dokumentation von Bildungsprozessen eines einzelnen Kindes. Zusammengetragen vom Kind, von den Erzieherinnen bzw. Lehrerinnen und Eltern. Aufbewahrt und dargestellt in einer Mappe, einem Ordner, einer Kiste oder als E-Portfolio am Computer.

In verschiedenen pädagogischen Ansätzen sind individuelle Aufzeichnungen von Kindern über ihre Stärken, Interessen und Lernerfolge selbstverständlich. Diese werden in Schulen, aber bereits auch in Kindergärten verwendet.

Maria Montessoris „Pensenbücher" (seit etwa 1970 gebräuchlich)

„Das Pensenbuch ist eine Art Leistungsnachweis. Es werden fest definierte Lernziele aufgeführt und der entsprechende Fortschritt dokumentiert. Projektarbeiten, Arbeiten während der Freiarbeit werden ebenfalls aufgeführt. In Montessori-Schulen werden im Pensenbuch zusätzlich noch Komponenten der Sozialkompetenz, Teamfähigkeit und generellen Mitarbeit erfasst. Vorwiegend dient das Pensenbuch zur Information der Eltern über den aktuellen Wissensstand ihrer Kinder. Lehrer nutzen das Pensenbuch gerne, um evtl. Lernschwierigkeiten bzw. Leistungsstörungen aufzudecken." (http://www.montessori-shop.de/lexikon/pensenbuch-38.php, 14.2008)

Pensenbücher können als zusätzlicher Leistungsnachweis gesehen werden.

Die Lernziele der Pensenbücher sind meist vorformuliert und daher allgemeingültig. Das Kind und die Eltern haben demnach einen Überblick über den zukünftigen Lernstoff. Insbesondere für die Eltern jüngerer Kinder ist dieser intensive Einblick in die Unterrichtsinhalte ein großes Plus. Sie erfahren, was ihr Kind konkret können und wissen soll, und sind so fähig, es zu Hause zielgerichtet beim Lernen zu unterstützen. Auch bekommen sie dadurch die Möglichkeit, vermeintlich überflüssigen Lernstoff zu kritisieren und mit dem Lehrer zu diskutieren. Nachteil der Pensenbücher könnte sein, dass die persönlichen Lernziele, Wünsche und Interessen nur eine untergeordnete Rolle spielen. Wobei es in dieser Hinsicht wohl sehr auf die Schule und die Methoden der jeweiligen Lehrer ankommt. Das Pensenbuch ist also eine Alternative zur üblichen „Probe", „Schulaufgabe" oder „Ex" in der Schule oder eine zusätzliche Möglichkeit des Leistungsnachweises. Dem Portfolio ähnelt es insofern, als es zur Reflexion eigener Leistungen dient. Das Pensenbuch wird normalerweise in der Schule verwendet, nicht im Kindergarten- oder Krippenbereich.

Arbeitsplan und Schultagebuch bei Freinet

„Bei der Selbstbeurteilung schätzen die Schüler ihre Arbeit selbst ein und ziehen Bilanz ihrer geleisteten Arbeit. Dabei werden Fähigkeiten zur kritischen Selbstbeurteilung entwickelt. So entwickelt sich für jeden Schüler ein individueller Tagesplan, und die Schüler halten ihre Fortschritte in Lerntagebüchern fest. Für die Lehrer ist es wichtig, das Geschehen im eigenen Unterricht zu reflektieren." (http://de.wikipedia.org/wiki/Freinet-P%C3%A4dagogik#Selbstverantwortlichkeit_des_Kindes, 14.09.2008)

Mit dem Arbeitsplan erhalten die Kinder eine Übersicht der zu erreichenden Ziele. Nach Bearbeitung dieser Aufgaben sollen sie nun häufig selbst einschätzen, wie sie ihren Erfolg sehen: Ist das Ziel erreicht oder muss noch etwas mehr geübt oder gelernt werden? Auch der Fleiß, die Fähigkeit, in Gemeinschaft zu arbeiten, spielen bei der Bewertung eine wichtige Rolle. Aus den selbst gegebenen Noten und der Beurteilung des Lehrers entsteht ein Diagramm bzw. eine Kurve, die ins Schultagebuch eingeklebt wird. Es steht demnach die Reflexion der Arbeit, das Sich-selbst-Einschätzen und -Beurteilen im Vordergrund dieser Methode für Schüler. Die Kinder sollen darüber nachdenken, was sie gelernt haben und wie sie zu ihrem Ziel gekommen sind.

Die Jahresarbeit der Waldorfschulen wird besonders in höheren Klassen und im letzten Jahr eingesetzt

Reformpädagogen entdeckten früh, dass die üblichen Beurteilungssysteme in Schulen nicht kind- und leistungsgemäß sind.

„Die Jahresarbeit soll den Schülern die Gelegenheit geben, durch eine einjährige Arbeit an einem frei gewählten Thema zu zeigen, dass sie selbst gesteckte Ziele über eine längere Zeit hin verfolgen und in der Auseinandersetzung mit ihrer Arbeit persönlich wachsen können. Mit dieser Arbeit wollen wir die genormten staatlichen Prüfungen um eine individuelle Bewährungsprobe, eine Art Gesellenstück, als wesentliches Element unseres Waldorfabschlusses ergänzen. Der prüfungsorientierten Förderung wollen wir eine Qualifikation zur Seite stellen, die auf die Persönlichkeit des Schülers eingeht und sie charakterisiert. Dies spielt bei Bewerbungen in der heutigen Arbeitswelt eine entscheidende Rolle. Die Beurteilung soll ein Bild der arbeitenden Persönlichkeit widerspiegeln, wird also genauso auf den Prozess der Arbeit am selbst gewählten Thema wie auf die praktischen, künstlerischen und gedanklichen Fähigkeiten schauen, die im Ergebnis dieser Arbeit zum Ausdruck kommen. In gleicher Weise soll daher auf Kontinuität und Qualität des Arbeitsprozesses über das Jahr hinweg, wie auf das Ergebnis am Ende geschaut werden.“ (http://www.waldorfschule-hof.de/jahresarb.html, 14.09.2008)

In den Jenaplan-Schulen (nach Peter Petersen, 1884–1952) findet wöchentlich eine „Pädagogische Rückschau“ statt

Arbeiten und Leistungen einer Woche werden auf einen Tisch gelegt und der gesamten Gruppe zur Diskussion gestellt. Daraus ergeben sich Kritik, Lob sowie Anregung für folgende Arbeiten und Weiterentwicklungen. In halbjährlichen und jährlichen Intervallen finden an Jenaplan-Schulen Rückschauen statt, wobei hier das Erarbeitete auch Außenstehenden, etwa Eltern, preisgegeben wird.

Portfolios greifen Formen und Elemente aus verschiedenen pädagogischen Ansätzen auf.

Aus den verschiedenen Ansätzen, Einflüssen und Theorien haben sich bis heute einige Formen der Portfolioarbeit für die Frühpädagogik entwickelt. Doch der Begriff „Portfolio“ muss nicht unbedingt Verwendung finden. Es existieren viele Bezeichnungen, die im Deutschen besser verstanden werden und oftmals den Inhalt und die Anwendung anschaulicher wiedergeben: „Lerntagebuch, Sammelmappe, Schatzkiste, Kindergartenmappe usw.“; Kinder sind bei der Wortfindung ebenfalls kreativ und denken sich gerne neue Titel für ihr Werk aus.

Äußere Form

Die äußere Form eines Portfolios ist individuell und in jeder Kindertagesstätte verschieden. So können die Bilder, Fotos, Berichte, Geschichten und Beobachtungen in Kisten, Schubladen, Ordnern, Mappen oder Heften sowie Büchern gesammelt und festgehalten werden. Die Entscheidung, wie das Portfolio aussehen soll, treffen in erster Linie die Erzieherinnen. Sie entscheiden, welche Grundkomponenten im Portfolio enthalten sein werden und wie sie diese organisieren wollen. Letztendlich sind auch finanzielle Mittel und der verfügbare Aufbewahrungsplatz zu bedenken. Der optische Eindruck der Portfolios spielt eine wichtige Rolle. Denn eine Mappe mit edlem Design wirkt wertvoll und somit professionell. Ein Ordner mit bunten Bildern des Kindes oder dessen Foto regt eher zum Hineinschauen an, als eine langweilige graue Hülle. Die äußere Form sollte also gut durchdacht und erprobt werden, damit alle Beteiligten damit zufrieden sind und sich darin gut zurechtfinden.

Die äußere Form von Portfolios ist so individuell verschieden wie ihre Verfasser.

1.2 Nutzen und Chancen der Arbeit mit Portfolios

Seit es Kindergärten gibt, werden Kunstwerke, erste Schreibversuche und Bastelarbeiten der Kinder gesammelt. Meist gibt es dafür ein „Eigentumsfach" in Form einer Schublade, Kiste oder Mappe. Zwischendurch oder am Ende des Jahres dürfen die Kinder ihre Werke mit nach Hause nehmen. Oft stellen die Kinder kleine Kunstwerke her, die den Eltern präsentiert werden. Um aber die persönlichen Stärken, Lernwege und Lernfortschritte des Kindes zu dokumentieren, um zu zeigen, wie das Kunstwerk entstanden ist, fand sich bisher keine konstruktive Möglichkeit. Die Betreuer der Kinder versuchten verbal soviel wie möglich weiterzugeben. Das Kind selbst blieb dabei meist außen vor. Einige Erzieherinnen legen mittlerweile Wert darauf, das Kind in die Elterngespräche einzubeziehen. Das ist jedoch noch selten, da meistens mehr über die Schwächen und Mängel des Kindes gesprochen wird, statt seine Individualität positiv hervorzuheben. Schon bevor es in allen Bundesländern neue und ausführliche Bildungspläne gab, wurden in vielen Einrichtungen erste Schritte in Richtung Lerndokumentation eingeleitet. Zunächst führte man vielerorts Beobachtungssysteme ein, die nicht dazu dienten, über Kinder zu urteilen, sondern dazu, ihre Stärken zu entdecken und zu fördern. Die Beobachtungsbögen zu verwalten und sinnvoll mit der Dokumentation des Lernens und der Entwicklung zu verbinden, stellte die nächste Herausforderung dar.

Portfolios als kindgerechte Dokumentationsform

Mit der Portfoliomethode ist nun endlich der Spagat geschafft: Beobachtung und Dokumentation, Selbstreflexion und Darstellung der eigenen Entwicklung nach außen münden in einem Ort. Das Ziel dabei ist es, zu erfahren, wie die Kinder Wissen und Kompetenzen erwerben. Aber auch – und vor allem – wird Kindern das Lernen als solches bewusst gemacht. Durch gezieltes Reflektieren erkennen sie, dass und was sie lernen und wie sie sich entwickeln.

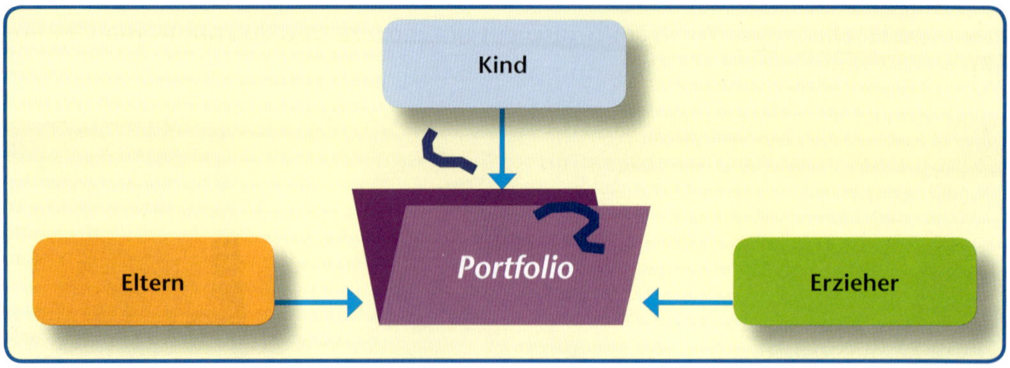

Am Portfolio Beteiligte

1.2.1 Wie profitieren die Erzieherinnen?

Fragt man in Kindertagesstätten nach, ob mit Portfolios gearbeitet wird, hört man meist: „Was sollen wir denn noch alles tun? Wir haben in der Gruppe 25 Kinder, davon einige unter drei Jahren. Wir sind nur eine Erzieherin und eine Kinderpflegerin. Die Arbeit nach den Bildungsplänen, dazu noch der normale Jahreskreis, der beachtet sein will, da bleibt keine Zeit mehr. Jetzt müssen wir auch noch diese ausführlichen Beobachtungsbögen ausfüllen."

Ja, Erzieherinnen sind überfordert. Zum einen sind die Einrichtungen unterbesetzt bei zu vielen Kindern. Immer öfter werden Kinder unter drei Jahren in Kindergärten aufgenommen, ohne dass der Alltag und der Personalschlüssel darauf abgestimmt würde. Elterngespräche, Fachgespräche, Beobachtungsbögen und der Anspruch, die Aufgaben des Bildungsplans „abzuarbeiten", bräuchten alleine schon einen 18-Stunden-Tag. Die Zeit, sich wirklich intensiv mit dem Kind zu beschäftigen, bleibt oft nicht mehr.

Wenn Portfolioarbeit in den Kindergartenalltag integriert wird, benötigt sie kaum Extrazeit.

Die Arbeit mit Portfolios benötigt aber nur anfangs Extrazeit. Erzieherinnen und Kinder müssen sich mit der Methode vertraut machen und feste Strukturen einführen. Dann wird die Arbeit im Alltag durch die Portfolios erleichtert. Beobachtungen fließen mit ein, Kinder erarbeiten sich selbst ihre Mappen, Eltern- und Fachberatungsgespräche sind schneller vorbereitet, weil eine ständige Auseinandersetzung und Reflexion stattfindet.

Letztendlich dient das Portfolio auch dazu, die eigene Arbeit, die Herangehensweise an die Kinder und deren Bedürfnisse zu reflektieren. Erzieherinnen gewinnen neue Einblicke in die Denkstrukturen der Kinder, aber auch in ihre eigenen. Sie lernen, wieder mehr zu hinterfragen, auszuprobieren und zuzulassen, statt sich alten Strukturen zu fügen und unterzuordnen.

1.2.2 Wie profitieren die Eltern?

Das klassische Elterngespräch findet zwischen Erzieherin und Mutter oder Vater statt. Der zweite Elternteil, die zweite pädagogische Kraft in der Gruppe und vor allem das Kind bekommen davon selten etwas mit. Sie sind darauf angewiesen, dass die Gesprächsteilnehmer möglichst präzise berichten, was sie erfahren haben. Basis dieser

Gespräche ist meist ein auffälliges, das heißt negatives Verhalten des Kindes. So wird aus der seltenen intensiven Begegnung zwischen Erzieherin und Eltern oft eine „Problemsitzung“. Mit dem Portfolio erhalten Eltern einen wesentlich deutlicheren Einblick in die Entwicklung ihrer Kinder während der Zeit im Kindergarten. Sie erfahren, sehen und lesen, was und wie das Kind lernt und erlebt. Es entsteht eine große Transparenz des Kindergartenalltags.

Wenn die Eltern auch selbst am Portfolio mitwirken, entwickeln sie ein besseres Gespür für die Lernprozesse ihres Kindes. Sie hinterfragen ihr eigenes Handeln und versuchen wieder mehr auf die Bedürfnisse des Kindes einzugehen. Viele einfache Dinge erscheinen plötzlich in einem anderen Licht. So erkennen Eltern zum Beispiel, wie sinnvoll ein einfacher Waldspaziergang mit dem Kind sein kann. Gemeinsam entdecken sie dort Tiere, Pflanzen, Formen, Geräusche und Gerüche. Beim Reflektieren für das Portfolio werden die Kinder den Eltern zeigen, dass sie von diesem Ausflug mehr mitgenommen haben als nur ein bisschen frische Luft. Sie dokumentieren mit Bildern und Erzählungen ihre Eindrücke und imponieren den Eltern mit reichlich Sinneserlebnissen. Vielleicht überlegen sich daraufhin die Eltern am nächsten Wochenende, ob sie den Kinobesuch streichen und lieber wieder gemeinsam einen Tag im Wald verbringen. Denn auch sie haben gelernt, aufmerksamer und bewusster mit ihren Kindern zu (er)leben.

1.2.3 Wie profitieren die Kinder?

Kinder sind stolz darauf, ihr Können in einem Portfolio zu zeigen.

Das Sammeln eigener Geschichten, Fotos, selbst gestalteter Kunstwerke, gebauter Objekte und vieles mehr ermöglicht dem Kind ein ständiges Reflektieren seines Handelns und Lernens. Selbst jüngste Kinder (ab etwa zwei Jahren) freuen sich, eigene Bilder wieder anzusehen und sich an den Moment des Entstehens zurückzuerinnern. Später bemerken sie dann, wie klein sie waren, als sie ihren Handabdruck im Portfolioordner abhefteten. Oder sie betrachten ihre Selbstporträts und stellen fest, dass sich nicht nur ihr Äußeres verändert hat, sondern auch ihre Fingerfertigkeit und künstlerische Ausdrucksfähigkeit gesteigert haben.

Sich selbst darstellen

Führen die Erzieherinnen und auch Eltern regelmäßig Portfoliogespräche mit den Kindern durch, präsentieren diese stolz das Erlebte, Gelernte und Gesammelte. Das dient wiederum der Steigerung des Selbstwertgefühls. Die Kinder wissen, dass sie etwas können, etwas wert sind, und sie haben die Möglichkeit, das anderen Menschen zu zeigen und auf eine einfache Art zu beweisen. Aber das Portfolio soll natürlich keine „Angeber-Mappe“ werden. So sollen die Kinder nicht vergleichen, wer von ihnen etwas besser oder schöner macht. Die Erzieherinnen sollten vielmehr versuchen, den Kindern ein Selbstverständnis zu vermitteln, dass jedes Kind Stärken und Schwächen hat und so, wie es ist, interessant und wertvoll ist. Das Portfolio ist also eher eine Bestätigung als eine Benotung oder gar ein Leistungsnachweis.

Stolz präsentiert das Kind seinen Turm.

1.3 Kritische Anmerkungen

„Jetzt sollen wir die Kinder rund um die Uhr beobachten und sie durchleuchten – ja, wir alle werden gläserne Menschen." Ein Erzieher äußerte sich so auf die Frage nach Portfolios im Kindergarten. Und seine Bedenken im Hinblick darauf, die Kinder ständig zu beobachten und diese eigentlich subjektiven Eindrücke zu notieren, sind nicht von der Hand zu weisen. Kinder brauchen Freiräume, wollen sich zurückziehen, Geheimnisse haben, kurz: Sie wollen alleine sein. Zu Hause behalten die Eltern sie ständig im Auge, schleppen sie von einem zielgerichteten Kurs zum nächsten oder lassen sie nur in gefahrenfreien Zonen wirklich frei spielen. Der „Auslauf" der Kinder, der Bereich, der ihnen zum selbstbestimmten Spiel zur Verfügung steht, wird immer kleiner.

Wenn nun noch zusätzlich, egal wo das Kind sich aufhält oder was es gerade macht, jemand mit einem Fotoapparat und Notizblock steht, geht auch die letzte Abenteuerlust verloren. Portfolioarbeit basiert aber nicht zuletzt auf der Basis der Selbstentscheidung und der Eigenbeobachtung. Das Kind soll selbst bestimmen, was in seinem Portfolio abgeheftet wird. Es lernt, seine Entwicklungsschritte zu bemerken und schließlich zu dokumentieren.

Das gilt auch für den Wunsch mancher Erzieherinen oder Eltern, alles, was das Kind tut oder produziert (einen Turm bauen, ein Bild malen, alleine zur Toilette gehen), zu kommentieren. Ja – die Kommentare des Kindes unter einem Foto oder Bild sind wichtig für die Dokumentation der Entwicklung und des Lernens. Aber nicht alles muss ins Portfolio hinein, nicht alles muss kommentiert werden. Wer will schon jeden Handgriff erklären und reflektieren?

Portfolios dürfen nicht dazu verleiten, das Kind zu „observieren".

Kinder brauchen Zeit und Raum für Entdeckungen und Erlebnisse – letztendlich für das Lernen und Sich-Entwickeln. Nicht alles, was man tut, muss ein Ziel haben; Spielen und Lernen dürfen einfach geschehen. Aus einem Spiel ergibt sich eine spannende oder interessante Situation und daraus wiederum eine Frage, die beantwortet werden muss. So sucht sich das Kind eigene Erlebniswelten und dabei auch eigene Lernwege – vorausgesetzt, man lässt es.

Portfolios dürfen nicht als „Führungszeugnis" missbraucht werden, das den verschiedenen Institutionen dazu dient, sich Informationen über das Kind einzuholen. Sowohl die pädagogischen Fachkräfte als auch die Eltern müssen sich einig darüber sein, dass das Portfolio Eigentum des Kindes ist und daher ausschließlich ihm nutzen soll.

Portfolios sollen Erzieherinnen, Eltern und Kinder nicht zum Wetteifern verleiten, wer in kürzester Zeit am meisten „Stärken" und „Höchstleistungen" gesammelt hat. Ein Portfolio dient nicht dazu, die „Bundesjugendspiele in Wissen und Können" zu gewinnen. Es ist ein Ort der Reflexion und des Erkennens, der Spaß machen darf und anregt, sich weiter zu bilden, weiter zu hinterfragen und zu lernen.

2 Voraussetzungen für gelungene Arbeit mit Portfolios

2 Voraussetzungen für gelungene Arbeit mit Portfolios

2.1 Motiviertes Team

Neuem mit Freude und Interesse zu begegnen setzt eine gewisse Zufriedenheit, aber auch Wissbegier bzw. Neugier voraus. Für das Team einer Kindertagesstätte heißt das, alle pädagogischen Mitarbeiter sollten sich einig sein. Es muss eine positive Grundstimmung gegenüber Neuerungen in der Einrichtung vorhanden sein sowie das Bedürfnis, pädagogische Qualität abzuliefern. Natürlich kann das nur erreicht werden, wenn das Team gut eingespielt ist, weiß, wie es miteinander umzugehen hat und was es gemeinsam erreichen will. Dazu gehören regelmäßige Teamgespräche und ein gesunder, respektvoller Umgang miteinander.

Erzieherinnen benötigen eine gehörige Portion Idealismus und Motivation, um den ständig größer werdenden Anforderungen standzuhalten.

Aber auch die Haltung zur Arbeit, zu pädagogischen Zielen und zu sich selbst spielt eine große Rolle:

> *„Die Erzieherin als Pädagogin für frühkindliches Lernen – das klingt nach neuem Selbstbewusstsein und einer Fachlichkeit, die hilft, die eigene Position in Erziehungsfragen besser begründen zu können, das pädagogische Handeln für andere (Eltern, Kolleginnen, Leitung, Träger) nachvollziehbar machen zu können, Einflüsterungen von selbsternannten Experten widerstehen zu können und dabei tatsächlich das Kindeswohl in der täglichen Arbeit als DEN Maßstab im Blick zu haben."*
> *(Mienert/Vorholz, 2007, S. 15)*

Um sich kompetent darzustellen, muss sich die Fachfrau auch kompetent fühlen. Das passiert im positiven Sinne (also bei vernünftiger Selbsteinschätzung), wenn sie sich fachlich ausreichend ausgebildet sieht und gleichzeitig bereit ist, stets weiter zu lernen und sich zu informieren.

Eine Kinderpflegerin, die mit gerade 17 Jahren von der Schule kommt und ihre erste Stelle antritt, wird selbstverständlich nicht auf der gleichen fachlichen Ebene sein wie eine Erzieherin mit mehreren Zusatzqualifikationen und zehn Jahren Praxis. Allerdings könnte die Kinderpflegerin durch persönliche Interessen und Talente bereits ein großes Potenzial an praktischen Fähigkeiten erworben haben. Hier gilt es, einen Weg zu finden, beiden gerecht zu werden, ohne starre Hierarchien entstehen zu lassen.

Gleichwertigkeit im Team entsteht durch

- eine vernünftige Arbeitsaufteilung
- Respekt für alle Teammitglieder
- das Berücksichtigen spezieller Fähigkeiten, Talente und Interessen der einzelnen Mitarbeiter
- für alle verständliches Aufbereiten von Informationen

- Einführung der Grundvoraussetzungen zu einem neuen Thema oder Arbeitsbereich (z. B. Portfolio) für alle Teammitglieder gleichermaßen intensiv und gleichberechtigt
  - Auch die 17-Jährige sollte in ihrem Niveau Lerngeschichten oder Beobachtungen formulieren dürfen – mit etwas Hilfe und Zeit lernt sie dazu und wird besser
- Trainieren sachlicher Diskussionen im Team, ohne die persönliche Ebene einzubeziehen, bzw. überzustrapazieren
- Offenheit für Kritik der Kolleginnen und Vorgesetzten

„Da das Team die Visitenkarte der Einrichtung ist und somit auch die Art, wie miteinander kommuniziert wird, als Maßstab für die Kommunikation mit den Kindern in der Kindertageseinrichtung wahrgenommen wird, muss sich jedes Teammitglied bewusst sein: ‚Ich bin wichtig, bin ein Teil des Ganzen und trage dazu bei, dass das Ganze funktioniert – egal welche Position ich in der Einrichtung habe.'"
(Raschzok-Falk/Müller, 2007, S. 11)

Das Auftreten des Personals gegenüber den Eltern spielt dabei auch eine wichtige Rolle. Wie fühlt es sich an, als Mutter einen Kindergarten zu betreten und von der vorbeigehenden Erzieherin nicht beachtet zu werden. Wenn dann auch das Kind keinerlei Begrüßung erfährt, ist schnell der Eindruck da, die Erzieherin hat kein Interesse an den „Kunden" der Tagesstätte. Oder ist sie einfach nur unhöflich?

Ein positiver Umgangston erleichtert das Miteinander.

„Der Ton macht die Musik" ist einer der wahren Sprüche, den jede Erzieherin verinnerlichen sollte. So wie sie mit ihren Kolleginnen spricht, so werden diese es auffassen. Und die Kinder, die dieses Gespräch mitbekommen, auch nur kleine, nebensächliche Kommentare unter den Erzieherinnen, werden sich die Stimmung ihrer Bezugspersonen merken. Kinder haben feine Antennen und spüren genau, wenn die Kolleginnen Unstimmigkeiten haben. Ein heiteres und offenes Arbeitsklima wirkt sich also immer auch auf die Arbeit mit den Kindern und den Eltern aus. Und natürlich macht es einfach mehr Spaß.

2.2 „Neinsagen"

Es ist kurz vor Weihnachten. Die Erzieherinnen sind gestresst. Seit September haben sie neue pädagogische Ideen umgesetzt, um dem Bildungsplan gerecht zu werden. Daneben noch die gezielte Sprachförderung, Mathematik und der wöchentlich stattfindende Forscherkurs. Eigentlich wollten die Erzieherinnen noch vor Weihnachten mit der Portfolioarbeit beginnen, doch es war einfach keine Zeit, sich damit auseinanderzusetzen. Und nun steht auch noch die große Weihnachtsfeier bevor. Da kommt einer der Kirchenvorstände ins Haus und bittet die Leitung der katholischen Einrichtung, einen Kindergottesdienst mit dem Team und den Kindern vorzubereiten und zu gestalten.

Was nun?

Eine Erzieherin darf sich und die Kinder nicht überfordern.

Auch „Neinsagen" will gelernt sein. Abgesehen davon, dass sich diese Einrichtung schlichtweg mit Arbeit überhäuft und damit letztendlich nicht nur das Team überfordert, sondern auch die Kinder, gibt es keinen vernünftigen Grund, eine zusätzliche

Aufgabe abzulehnen. Die Leitung befürchtet, dass der Kindergarten seinen Pflichten nicht ausreichend nachkommt, wenn sie den Gottesdienst nicht gestaltet. Schließlich ist der Träger immer so großzügig, sind die Leute vom Kirchenvorstand immer so hilfsbereit.

Es gehört zur fachlichen Kompetenz einer Leitung – aber auch jeder anderen pädagogischen Fachkraft – Aufgaben und deren Verteilung richtig einschätzen zu können. Sie muss einen Überblick über Zeit- und Personalkontingente haben, aber auch wissen, welche Schwerpunkte gerade in der pädagogischen Arbeit aktuell sind.

Antwortet sie nun mit „Nein“, bedeutet dies im schlimmsten Falle, dass ihr Gegenüber mit Unverständnis reagiert: Doch eine gut ausgebildete und rhetorisch gewandte Fachfrau kann sich erklären, ohne sich zu rechtfertigen. Schließlich stehen die Interessen der Kinder und Eltern im Vordergrund der pädagogischen Einrichtung – und sie muss diese auch ins Blickfeld ihrer Aufgaben stellen.

„Neinsagen“ müssen auch die Kolleginnen untereinander: „Kannst du morgen für mich schnell mal den Tisch mit decken?“ Wer kann da „Nein“ sagen? Vielleicht die Erzieherin, die gerade um die Zeit der Mittagsvorbereitungen ihre Pause hat und diese auch zum Entspannen nutzen sollte. Oder die Kinderpflegerin, die sowieso schon allen Dreijährigen die Schuhe binden muss oder beim Händewaschen eingespannt ist. Die Kolleginnen müssen sich immer wieder klar sein, dass sie sachlich miteinander umgehen. Niemand darf beleidigt sein, wenn eine andere die Aufgabe nicht übernehmen kann. Es gibt sicher auch eine andere Lösung. Daher muss das Team unbedingt immer wieder offen miteinander sprechen und zur sinnvollen Kommunikation angeleitet werden. Das geht, indem die Leitung, soweit sie selbst fähig ist, wirklich sachlich zu argumentieren, ihr Team trainiert. Besser aber ist es, jemanden von außen zu holen, der das Team schult. Ein Supervisor oder Fortbilder hat wesentlich größeren Einfluss auf die Erzieherinnen, weil er natürlich eine „Fremdperson“ ist, die (im besten Falle) niemanden im Team persönlich kennt. Dadurch entsteht von vornherein ein fachliches, professionelles Klima, das die Arbeit an der Teamkommunikation wesentlich erleichtert. Ein Supervisor könnte zudem noch die unterschwelligen Probleme der Mitarbeiter aufspüren, ansprechen und eventuell auch klären, sodass die Kommunikation in Zukunft besser ablaufen kann.

2.3 Zeitmanagement und Organisation (Teamarbeit, Zeitpläne)

Die Öffnungszeiten eines Regelkindergartens liegen meist irgendwo zwischen 7 Uhr und 18 Uhr. Die Arbeitszeiten der Erzieherinnen mit üblicherweise acht Stunden am Tag (außer bei Teilzeitkräften) fügen sich in den Tag ein. Was hat eine Erzieherin in solch einen Achtstundentag alles unterzubringen?

Personalmangel und ein Übermaß an pädagogischen Angeboten führen zu Zeitdruck und Stress.

Da ist zunächst einmal die Arbeit „am Kind“. Hiermit ist die Zeit gemeint, in der sich die Pädagogin ausschließlich mit den Kindern beschäftigt, also die überwiegende Zeit ihres Tages. Dazu kommen Vorbereitungs- oder Nachbereitungszeit, eventuell Bürozeiten (insbesondere bei Leitungen) sowie Zeit für Elterngespräche, Beratungsgespräche und Teamabsprachen. Die Zeit mit dem Kind erstreckt sich normalerweise über mindestens sechs der acht Stunden. Fehlt eine Mitarbeiterin, muss die Erzieherin oft die gesamten acht Stunden allein bestreiten. Die Vor- und Nachbereitungszeit dient, wie der Name schon sagt, den Recherchen, Einkäufen, dem Vorbereiten von Material, Dekorieren usw. Allein das Heraussuchen von Liedern, geeigneten Büchern, Geschichten und Spielen ist sehr zeitaufwendig. Schnell wird klar, dass eine Erzieherin viel Disziplin benötigt, um nicht in ihrem privaten Alltag von der Arbeit zu sehr vereinnahmt zu werden.

Eine GEW-Kita-Studie von 2007 äußert sich zur Vorbereitungszeit:

Jeder pädagogische Mitarbeiter eine Kindertagesstätte benötigt ausreichend Zeit zur Vor- und Nachbereitung.

„Geradezu skandalös ist, dass Erzieherinnen trotz höchster Anforderungen an eine intensive Bildungsförderung der Kinder im Durchschnitt nur zwei Stunden pro Woche Vorbereitungszeit haben. 21 Prozent gaben an, für die Vorbereitung überhaupt kein Zeitbudget zu haben. Sie machen das nach der Arbeit, meist zu Hause."
(Gute Arbeit trotz geringen Verdienstes, http://www.gew-koeln.de/02/aktuell/themen/kitastudie200710-shtml).

Zusätzlich finden Elternabende, Teamsitzungen, Feste, besondere Aktionen, Supervisionen und Ähnliches statt.

Hier wird deutlich, wie wichtig eine Absprache zwischen dem Träger und dem pädagogischen Personal einer Kindertagesstätte ist. Denn nur wenn sich alle darüber einig sind, qualitativ hochwertige Leistung zu bringen, kann auch Portfolioarbeit effektiv durchgeführt werden.

Träger, die ausschließlich auf den Idealismus der sozial engagierten Erzieherinnen bauen und neben der Unterbezahlung schlechte Rahmenbedingungen schaffen, sollten von Pädagoginnen nicht unterstützt werden. Denn allzu schnell droht ihnen die Überlastung und der so gefürchtete „Burn-out", der in dieser Branche leider immer häufiger vorkommt. Zudem ist fraglich, ob ein derart eingestellter Träger wirklich eine kindgerechte Einrichtung mit pädagogischer Qualität im Sinn hat. Genaues Hinsehen und stetes Weiterbilden bzw. Informieren sind demnach auch eine Art Selbstschutz der Erzieherin.

Fraglich ist, wann die Erzieherin die Zeit hat, sich fachlich zu informieren. Um beispielsweise ein Buch zu lesen oder spezielle Fragen zu einzelnen Kindern zu recherchieren, wird oft die Mittagspause oder die Freizeit zu Hause genutzt. Die eigentlich jeder pädagogischen Fachkraft zustehende Fortbildungszeit würde sich auch dafür eignen, sofern sie noch nicht für andere Fortbildungen genutzt wurde. Leider lassen viele Erzieherinnen diese Stunden „verfallen", weil sie keine interessanten oder finanzierbaren Weiterbildungsangebote finden (häufig gibt es nur einen geringen Zuschuss vom Träger). Oder aber sie haben schlicht keine Zeit dafür, weil die Kolleginnen krank sind oder der Terminplan der Kita zu voll ist, um auch nur einen Vormittag zu fehlen.

Erzieherinnen müssen ihre Rechte kennen. Sie müssen wissen, wie viel Zeit ihnen für welche Tätigkeit zusteht. Dass es immer noch pädagogische Fachkräfte gibt, die unbezahlte Überstunden machen, ist untragbar. Nur wer sich informiert, kann auch seine Rechte einfordern – und weiß genau, was seine Pflichten sind. Innerhalb dieses vorgegebenen Rahmens lässt sich dann auch eine sinnvolle zeitliche Planung durchführen.

Zeitmanagement

Wer innerhalb eines straff organisierten Tages noch Ressourcen finden will, um Neues einzuführen, sollte sich zunächst einen Überblick verschaffen, wofür er seine Zeit überhaupt benötigt. Das heißt für den Kindergarten: Das Team stellt zusammen, wer was wann macht.

Eine gute zeitliche Organisation hilft, den Überblick zu behalten.

Im folgenden Beispiel gibt es zwei Gruppen. Gruppe eins (G1) besteht aus der Erzieherin Marion und der Kinderpflegerin Sabine. Gruppe zwei (G2) sind Karin, die Erzieherin und die Kinderpflegerin Heike. Der Kindergarten ist von 7.30 Uhr bis 16.00 Uhr geöffnet.

WAS	WER G1	WER G2	WANN
Frühdienst	Sabine oder Heike		7.30 – 8.00
Vorbereitungszeit	Marion	Heike	Mo. 7.30 – 9.00
Vorbereitungszeit	Karin	Sabine	Di. 7.30 – 9.00
Vorbereitungszeit	Marion	Heike	Mi. 15.00 – 16.00
Vorbereitungszeit	Karin	Sabine	Do. 15.00 – 16.00
Bürozeit	Marion		Do. 7.30 – 9.00
Bürozeit		Karin	Mi. 7.30 – 9.00
Elterngespräche, Fachberatung	Marion oder Karin		Fr. 7.30 – 9.00
Morgenkreis	Marion Sabine	Karin Heike	9.00 – 9.30
Angebote, Förderung, Projekte	Marion Sabine	Karin Heike	9.30 – 10.30
Freies Spiel, Brotzeit, Garten, Turnraum – Aufsicht	Marion Sabine	Karin Heike	10.30 – 12.30
Freies Spiel, Brotzeit, Garten, Turnraum – Beobachtung	Marion	Karin	10.30 – 12.30
Mittagessen/Pause	Marion Sabine	Karin Heike	12.30 – 13.00
Ruhe/Pause	Sabine Marion	Heike Karin	13.30 – 14.00
Freies Spiel, Angebote, Förderung	Sabine oder Heike		14.00 – 15.30
	Sabine oder Heike		14.00 – 16.00
Freies Spiel, Angebote, Förderung	Marion Sabine	Karin Heike	14.00 – 16.00

Das Team hat hier seine Arbeitszeiten übersichtlich aufgeführt, ähnlich wie in einem Dienstplan, jedoch zusätzlich unterteilt in die jeweiligen „Dienste". Die Inhalte der Zeiteinheiten sind nur grob angerissen und spielen bei diesem Überblick noch keine Rolle.

Eine andere Möglichkeit, die Übersicht zu erstellen, ist es, die Dienste wie bei einem Stundenplan nach den Wochentagen aufzuschreiben. Der Unterschied beider Tabellen besteht darin, dass im ersten Plan nur ein Tag aufgeführt ist – also mindestens fünf solcher Pläne geschrieben werden müssen. Der unten stehende Plan gilt für eine ganze Woche, ist jedoch wesentlich inhaltsreicher und daher größer.

Uhrzeit	Montag	Dienstag	Mittwoch	Donnerstag	Freitag
7.30–8.00	Frühdienst Sabine/Heike wöchentlicher Wechsel				
7.30–8.00	Vorbereitung Marion, Heike	Vorbereitung Karin, Sabine	Bürozeit Karin	Bürozeit Marion	Eltern-/ Fachgespräche Marion/Karin
8.00–9.00					

Als nächsten Schritt versucht das Team genau zu eruieren, was während der jeweiligen „Dienste" konkret gemacht wird. Wie verbringt die Kinderpflegerin ihre Zeit im Frühdienst? Wie viele Kinder betreut sie währenddessen? Auch sollten die Erzieherinnen versuchen (schriftlich!) zu formulieren, was ihnen während ihrer Arbeit, konkret: während des jeweiligen Dienstes zu viel ist, was fehlt, was stört und was gut ist. Anschließend werden diese Punkte im Team besprochen. Übersichtlich geht das mit einem Flipchart, einer Tafel oder einfach einem großen Stück weißer Tapete, die auf den Boden gelegt oder an die Wand oder Tür geklebt wird. Hier wird ein Oberbegriff notiert, z. B. Freispiel. Nun schreibt jedes Teammitglied seine Punkte dazu. Anschließend wird sortiert (wieder schriftlich) und zusammengefasst. Was kann so bleiben, was muss verändert werden?

Diese Übersichten helfen, Personalressourcen oder -bedarf festzustellen. Wo könnte eine Mitarbeiterin abgezogen, wo muss noch jemand eingesetzt werden? Aber auch: Wie können wir unsere Arbeit anders strukturieren, um mit der Zeit und dem Personal besser hinzukommen? Muss in der Situation die Kinderzahl verringert werden, oder können mehr Kinder teilnehmen? Ist der Raum für dieses Angebot ideal?

Das Team erarbeitet sich einen Überblick des „Ist-Stands" der Einrichtung.

Durch diese Bestandsaufnahme kann nun auch detaillierter als mit dem reinen „Zeit-Arbeitsplan" festgestellt werden, wo die Teammitglieder bereits ausgelastet sind und wo es eventuell noch Freiräume gibt. Auch entsteht ein Überblick darüber, wie konkret gearbeitet wird. Zum Beispiel: Wann beobachten wir? Wer beobachtet? In unserem Beispiel führen nur die Erzieherinnen Beobachtungen durch, und dies ausschließlich zu Freispielzeiten. Sinnvoller wäre es aber, wenn auch die Zweitkräfte in die Beobachtungstätigkeit eingebunden wären und die Beobachtungen zu jeder Zeit des Tages durchgeführt würden. Nur so können die Kinder auch in ihrer Gesamtheit beobachtet werden.

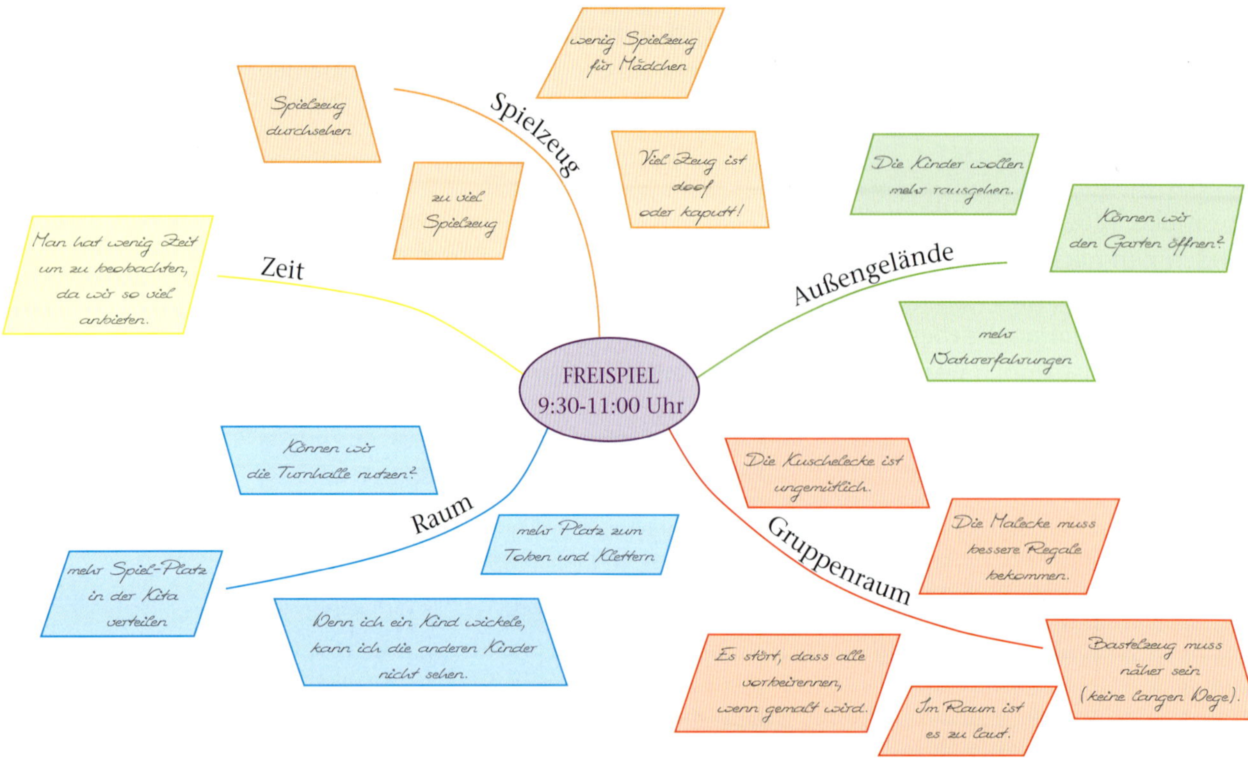

Gemeinsam findet das Team heraus, wo es ausgelastet ist oder wo noch Ressourcen vorhanden sind.

Das Beispiel zeigt, dass die momentane Aufteilung der Zeit und der Arbeit noch nicht genug strukturiert ist. Hier wird noch am Bedarf vorbei gearbeitet.

Um in einem Kindergarten pädagogische oder organisatorische Veränderungen durchzusetzen, müssen sich Team und Träger einig sein.

Aufgrund des Vorhabens, den Kindergarten neu zu strukturieren, Beobachtung und Dokumentation intensiver durchzuführen und schließlich mit der Portfolioarbeit zu beginnen, entschließt sich das Team dieses Kindergartens, die Gruppenarbeit offener zu gestalten. Das heißt, die Erzieherinnen suchen sich Zeiten, zu denen in beiden Gruppen Ähnliches oder Gleiches passiert, und legen diese, je nach Kinderzahl, zusammen. Voraussetzung für solch eine grobe Umstrukturierung ist allerdings, dass sich alle im Team sowie der Träger einig sind, ein neues pädagogisches Konzept anzustreben. Denn die Öffnung nach innen bedeutet, dass im pädagogischen Alltag einige positive aber auch negative Neuerungen auf das Personal und die Kinder zukommen.

Der momentane Stand und die geplanten Änderungen in unserem Beispiel

Frühdienst: Diese halbe Stunde wird schon länger von nur einer Kinderpflegerin (im wöchentlichen Wechsel) betreut. Gleichzeitig ist eine Erzieherin im Haus, die Vorbereitungs- oder Bürozeit hat.

- Dies soll so bleiben, da es gut funktioniert.

Freispiel: Das freie Spielen findet in den einzelnen Gruppen statt, betreut von der jeweiligen Erzieherin und Kinderpflegerin.

- Ab sofort werden die Türen zu einer bestimmten Zeit geöffnet, und die Kinder dürfen sich in allen Räumen aufhalten. Die Betreuung wird aufgeteilt.

(Bildungs-)Angebote, spezielle Förderung: Das übernehmen immer die beiden Erzieherinnen in den jeweiligen Gruppen. Teilweise finden die Angebote schon während des Freispiels im Nebenraum statt, nachdem sich die Türen der Gruppen geöffnet haben.

- Auch die Hierarchien innerhalb des Teams sollen gelockert werden. Jetzt sollen alle Kräfte pädagogische Angebote durchführen. Diese werden im Laufe des Tages in verschiedenen Zimmern stattfinden.

Garten/Turnraum: Alle Kinder gehen vor dem Mittagessen bzw. der Abholzeit noch in den Garten oder bei sehr schlechtem Wetter in den Turnraum. Sie werden von den Erzieherinnen und/oder Kinderpflegerinnen der jeweiligen Gruppe betreut.

- Die Zeit zum Austoben soll variabler werden. Die Betreuung soll gruppenübergreifend stattfinden. Es werden für die Zukunft mehr Aktionen im Freien und Ausflüge geplant. Waldwochen sollen regelmäßig stattfinden.

Mittagessen: In beiden Gruppen ist nur ein Teil der Kinder über Mittag im Kindergarten. Bisher wurden sie in beiden Gruppenräumen betreut.

- Das Team entscheidet sich, ab sofort die Mittagszeit zusammenzulegen. So können eine Erzieherin und eine Kinderpflegerin zusammen die Gruppe betreuen, während die anderen beiden Kräfte Pause haben, Elterngespräche führen oder etwas vorbereiten.

Ruhezeit: Diese wird schon länger im Schlafraum von nur einer Kinderpflegerin beaufsichtigt. Die Kinder, die nicht schlafen wollen oder sollen, weil sie abgeholt werden, können in einem Gruppenraum leise spielen und warten, bis die Eltern kommen. Dort befindet sich eine Erzieherin. Die Betreuung wechselt wochenweise.

- Dies will das Team beibehalten.

Das Team dieses Kindergartens stellt sich nun die Frage, wie es die Änderungen konkret angehen kann. Es kostet schon eine gewisse Überwindung, den „alten Stiefel“ auszuziehen und den Alltag einer Kita neu zu strukturieren. Zunächst muss das Team klären, welche Möglichkeiten der inneren Öffnung es im Einklang mit der eigenen Kita-Konzeption sieht. Hat sich der Kindergarten zum Beispiel dem Arbeiten ausschließlich in festen Gruppen verschrieben, wird es schwierig, den Eltern und dem Träger eine plötzliche komplette Öffnung der Gruppen verständlich zu machen. Es kann also nur langsam und Schritt für Schritt etwas verändert werden.

Auch die Eltern müssen über Änderungen informiert werden.

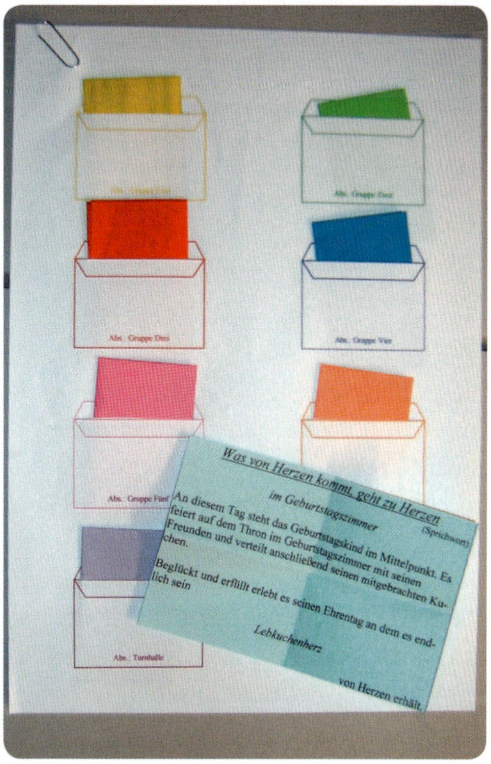

Ein Brief an die Eltern mit der neuen Raumverteilung

Das Öffnen des Kindergartens nach innen – genauer gesagt: das Öffnen der Gruppen zueinander, das gemeinsame Leben und Spielen – ermöglicht den Erzieherinnen, die Planung weiter zu stecken. Die Aufsicht kann geteilt werden, so ergibt sich mehr Zeit für Beobachtungen. Während zwei Kinderpflegerinnen und eine Erzieherin die große Gruppe (die sich natürlich in mehreren Räumen und Bereichen befindet) betreuen, kann die vierte Kraft mit einzelnen Kindern am Portfolio arbeiten, konkrete Angebote, Förderungen oder Beobachtungen durchführen.

Planung des Wochenablaufs im Kindergarten

Um zeitsparend arbeiten zu können, müssen die Erzieherinnen sinnvoll und vorausschauend planen. Das wird am besten immer schriftlich festgehalten. Hier geht es aber nicht um die Planung der konkreten pädagogischen Arbeit zum Beispiel nach einem Jahresthema, sondern um die Organisation der Handgriffe, Gespräche, Besorgungen, Telefonate usw., die im Alltag so viel Zeit rauben.

- Was muss getan werden?
- Wer muss es tun?
- Wann wird es getan?

Beispiel

Mittagessen

- *Verwalten der Listen (täglich vor der Bestellung – etwa 8.45 Uhr)*
  - *Überprüfen, wer wann isst, evtl. bei den Eltern nachfragen*
- *Bestellen des Essens (täglich zwischen 8.45 Uhr und 9.00 Uhr)*
  - *Anruf bei der Firma*
- *Allgemeiner Kontakt mit der Essensfirma (nach Bedarf, evtl. beim täglichen Anruf)*
  - *Nachfragen, Beschwerden oder Wünsche äußern*
- *Rechnungskontrolle (wenn die Rechnung eintrifft – am ersten Montag des neuen Monats um 8.30 Uhr)*
  - *Anhand der Listen überprüfen, ob die Rechnung stimmt*
  - *Die Rechnung an die Leitung weitergeben (mit Unterschrift und Prüfungsvermerk*

Versteckte „Zeitfenster" tauchen auf, wenn eine konkrete Übersicht geschaffen wird.

Dieses Beispiel zeigt, wie wichtig es ist, alle, auch die kleinsten oder nur selten vorkommenden Arbeiten aufzuschreiben und deren Zeiten einzuteilen. So kann das gesamte Team im Voraus planen. Jeder weiß, wer zu einer bestimmten Zeit was macht. Im Gruppenraum wird daher auf jeden Fall jemand anders bei den Kindern sein. Wenn die Kinderpflegerin oder Erzieherin, die den Essensdienst innehat, einmal krank ist, kann die Vertretung, die bereits vorher festgelegt wurde, sofort den Dienst übernehmen. Sie sieht anhand der genauen Planung auf den ersten Blick, was wann zu tun ist. Voraussetzung ist natürlich, dass sie in früheren Zeiten einmal ihrer Kollegin über die Schulter gesehen hat.

Pädagogischer Wochenplan

Ein Wochenplan mit pädagogischen Inhalten, zum Beispiel zu den Bildungszielen, ist hilfreich und kann nun im Anschluss leichter mit dem Personal abgestimmt werden. So ist es möglich, sich nun ausschließlich auf die Inhalte zu konzentrieren.

Beispiel
Ein eingruppiger katholischer Kindergarten hat das Monatsthema „Erntedank" gewählt. Die Angebote und Inhalte wurden auf vier Wochen verteilt.
Die erste Woche sieht folgendermaßen aus:

Wann	Was	Wer	Wer
Montag, 12.09.	Ausflug zum Bauernhof: Getreidesorten ansehen, Erntegeräte kennenlernen usw.	Claudia: Termin mit dem Bauern absprechen, Elterninfo schreiben (was müssen die Kinder dabei haben ...)	Susanne: Infomaterial zum Thema organisieren
Dienstag, 13.09.	Ein Bild aus Körnern gestalten	Pamela: Körner besorgen, Papier und Kleister organisieren und bereitstellen	Durchführung: Susanne mit den Kindern, die möchten
Mittwoch, 14.09.	Lied lernen: „Der Bauer holt den Weizen ein"	Claudia: Lied für die Eltern kopieren	Susanne: Mit den Kindern singen
Donnerstag, 15.09.	Weizen säen	Claudia: Weizen, Erde und Schalen besorgen	Claudia und Pamela: Mit allen Kindern säen
Freitag, 16.09.	Schokofondue: Gemeinsam die Früchte schneiden und das Fondue zubereiten. Alle zusammen essen	Pamela: Listen für Eltern aushängen (Rezept im Ordner!) und verwalten, am Freitag alles für das Fondue vorbereiten	Claudia: 10.30 Uhr mit Kindern Tische decken. Alle: Um 11 Uhr gemeinsam singen und essen

Nun müssen die Teammitglieder die Aufgaben verteilen – so, wie es am Montag bereits begonnen wurde. Wer organisiert den Besuch beim Bauernhof? Was genau muss dafür vorbereitet werden, und wer macht das? Sehr praktisch ist es, wenn der Plan Platz genug bietet, um jederzeit etwas nachträglich zu ergänzen. Außerdem ist es hilfreich, wenn die Organisation auch dort übersichtlich eingefügt wird. Daher kann also zunächst mit dem einfachen Blatt für die jeweilige Woche und anschließend auf einem großen Bogen gearbeitet werden. Dieser lässt sich gut an die Tür oder Wand des Personalraums oder Büros hängen und ist so jederzeit für alle Teammitglieder einsehbar.

Zusammenfassend lässt sich sagen, dass die gut durchdachte Personaleinteilung genauso wichtig ist wie die konkrete Arbeitsverteilung, um die knappe Zeit im Kindergarten perfekt zu nutzen.

Wann sollen Beobachtungen stattfinden und wann kann Portfolioarbeit untergebracht werden?

Beobachtung und Dokumentation müssen zur Selbstverständlichkeit werden.

Natürlich muss ausreichend Personal in einer Einrichtung vorhanden sein. Doch auch mit dem niedrigen Personalschlüssel einer Erzieherin und einer sogenannten pädagogischen Hilfskraft (Kinderpflegerin, Sozialassistentin) müssen Beobachtungen und Portfolioarbeit keine zusätzliche Belastung sein. Hier ist es besonders wichtig, sich gut zu organisieren. Der Alltag soll jedoch kindgerecht und situationsbezogen bleiben. Die Betreuer müssen also zusätzlich zur Personal- und Arbeitsaufteilung einen Überblick über ihre Aufgaben sowie die Ziele der Einrichtung und ihrer eigenen Arbeit haben, um sich zeitlich nicht zu verplanen.

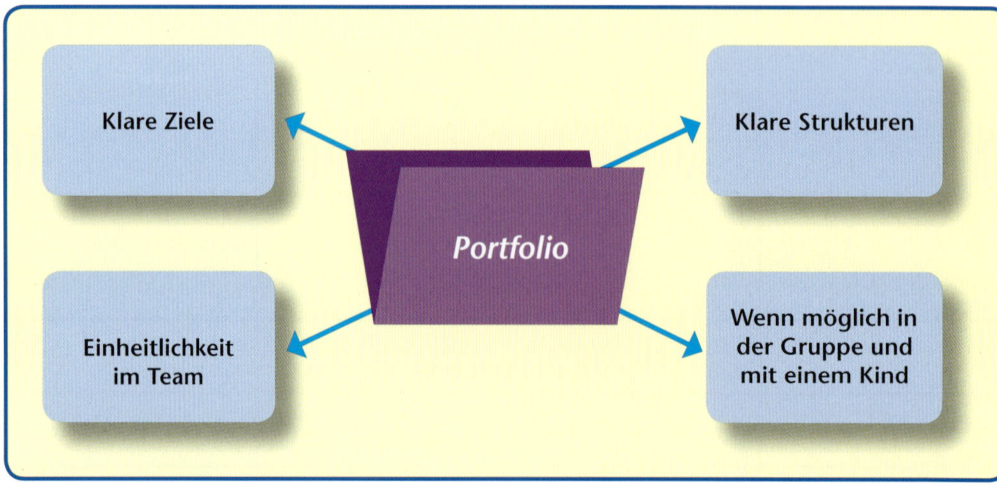

Um ein Portfolio mit Lern(fort)schritten, Entwicklungsdokumentationen und Ähnlichem zu füllen, braucht es eigentlich keine Extrazeit. Die Situationen, die beobachtet werden, die Entwicklung und das Verhalten der Kinder finden im normalen Kindergartenalltag statt. Ist die Arbeit des Personals sinnvoll aufgeteilt und weiß jedes Teammitglied, was es wann zu tun hat, kann die Beobachtung und Dokumentation weitgehend in den Tag integriert werden.

Die Erzieherin muss ihre Wahrnehmung schulen.

Häufige Notizen schulen die Beobachtungsfähigkeit.

Die Erzieherin muss nun also lernen, ihren Blick zu schärfen, den Fotoapparat schnell zur Hand zu haben, und jederzeit einen Stift und Block bereithalten, um sich Notizen zu machen. Das geht nicht von heute auf morgen. Dieses aufmerksame Beobachten und anschließende Notieren muss geübt werden. Die Erzieherin kann versuchen, schon vor Beginn der Portfolioarbeit im Kindergarten ihre Wahrnehmung durch das Notieren von Eindrücken zu schulen. Wenn sie einfach abends oder morgens beim Frühstück ein paar Stichpunkte notiert oder im

Alltag einen kleinen Notizblock mit sich trägt und sich einfache Stichpunkte macht über Erlebtes, Gesehenes oder eigene Ideen, wird sie bald eine sichere Hand dafür haben.

> Die Erzieherin übt das schnelle und übersichtliche Dokumentieren, indem sie sich im Alltag Notizen über Erlebtes und spontane Ideen macht.

Regelmäßiges Auswerten und Übertragen der Notizen ins Portfolio bzw. in die Zielsetzung für Beobachtungen oder Förderungen und Angebote hilft Klarheit und Übersicht zu schaffen.

Das Beobachten der Kinder kann nicht nur willkürlich stattfinden. Das Team muss sich einigen, wann wer wen beobachtet. Zusätzlich können die Erzieherinnen spontan absprechen, wenn sie Beobachtungen festhalten wollen. Um Beobachtungen zu planen, muss das Team konkrete Ziele für das jeweilige Kind abstecken (siehe auch Kapitel 2.6 „Lernziele“, Seite 34).

Das heißt zum Beispiel für das Kind Jonas:
Sprachstandsfeststellung
- September: Marion
- Oktober: Sabine
- Absprache und Auswertung am 15.10... um 8 Uhr
- (Eintrag ins Portfolio: Marion, im Anschluss an die Auswertung)

Beobachtungsziele formulieren

Die Formulierung konkreter Ziele für das jeweilige Kind basiert auf der Feststellung seines momentanen Entwicklungsstandes. Neben der oben erwähnten Sprachstandsfeststellung sollte also auch eine allgemeine Erfassung des körperlichen und geistigen Standes des Kindes durchgeführt werden. Erst im Anschluss, also nach einer Auswertung, können detaillierte Ziele formuliert werden.

Nicht alle Kinder müssen nach den gleichen Kriterien beobachtet werden.

Wenn nun zusätzlich das Portfolio verwendet wird, um den momentanen Entwicklungs- und Lernstand des Kindes sowie den Weg dorthin zu erkennen, bekommt die Erzieherin einen besseren Einblick in die eigene Sicht des Kindes. Hilfreich ist dafür schließlich das Portfoliogespräch mit dem Kind (siehe Kapitel 7.2 „Portfoliogespräch mit dem Kind“, Seite 105). Der Kreis des effektiven Arbeitens schließt sich also wieder, weil die Erzieherin konstruktiv beobachtet, auswertet und dokumentiert. Die Arbeit mit dem Kind, das Unterstützen, Lehren, Bilden und Erziehen kann nun frei von ständigen Überlegungen stattfinden. Die Erzieherin weiß, welche Kriterien bei welchem Kind wichtig sind, und kann ohne Angst, ein Kind zu unterfordern, ihrer Tätigkeit nachgehen.

> Portfolioarbeit schafft demnach im besten Falle Raum und Zeit für das Miteinander von Erzieherinnen und Kindern.

2.4 Konzeption

In den meisten pädagogischen Einrichtungen gibt es eine Konzeption, in der für die Eltern genau beschrieben wird, wie die Arbeit mit den Kindern gedacht ist. Es werden konkrete Arbeitsweisen, Abläufe und Zielsetzungen beschrieben. Die Schwerpunkte der pädagogischen Arbeit, Ansätze und Ideale sind erläutert. Darüber hinaus finden die Eltern darin auch alle Angaben zur Organisation und Struktur der Einrichtung, Tagesabläufe, Zeitpläne, Kostenaufstellungen usw. Für das Personal ist die Erarbeitung einer Konzeption gleichzeitig eine Reflexion seiner eigenen Arbeit.

Auch optisch muss eine pädagogische Konzeption Professionalität ausstrahlen.

Je gewissenhafter die Konzeption erarbeitet wurde, desto besser spiegelt sie die Arbeit der Kindertagesstätte wider. Auch die Form spielt dabei eine wichtige Rolle. Der Text muss sprachlich ausgereift, nicht zu fachlich und fehlerfrei formuliert sein. Auch sollte er übersichtlich gegliedert und in einzelne Abschnitte aufgeteilt sein. Vor dem Druck sollte das Manuskript unbedingt von mehreren Menschen Korrektur gelesen werden. Um ein einwandfreies Layout zu gestalten, hilft es, sich an Broschüren, Fachbüchern und Konzeptionen anderer Einrichtungen zu orientieren. Die optische Gestaltung wird zusätzlich aufgewertet, wenn die Konzeption ansprechend geheftet oder in einer Mappe zusammengefasst wird. Zusätzlich bietet es sich an, die Konzeption auch im Internet zu veröffentlichen. Allmählich bemühen sich die Träger, für ihre Einrichtungen eigene Websites zu erstellen, um die Öffentlichkeit über die Kindergärten zu informieren. Eine gut erarbeitete und gestaltete Konzeption darf da nicht fehlen.

Leitfaden zu formalen und optischen Gestaltung von Konzeptionen:

- Möglichst nur eine Schriftart verwenden, die gut lesbar ist.
- Eine Schriftgröße für den laufenden Text verwenden – mindestens 11 pt, besser 12 pt.
- Nicht mehr als drei bis vier Schriftgrößen für das gesamte Dokument verwenden.
- Den Text in überschaubare Abschnitte gliedern.
- Einen ausreichend breiten Seitenrand (beidseitig) einplanen.

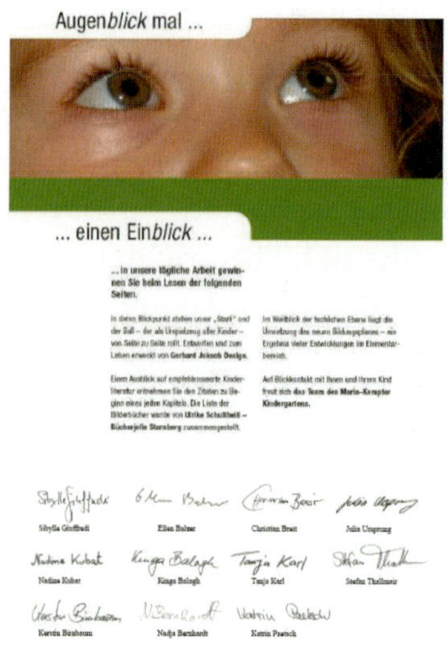

Der Maria-Kempter-Kindergarten in Söcking bei Starnberg hat eine vorbildliche, ansprechende Konzeption entwickelt, die auch im Internet zu finden ist (http://www.starnberg.de/fileadmin/user_upload/starnberg/redakteure/Buergerservice_Verwaltung/Kindergaerten/Maria_Kempter_Kdg.pdf, 22.09.08, 11 Uhr).

- Einen Stil/eine Form während der gesamten Konzeption durchhalten.
- Wenig Farben verwenden – nur als besondere „Highlights". Schwarz auf weißem oder auch farbigem Papier wirkt genug.
- Bilder und Skizzen gut auswählen und nur in hochwertiger Qualität sowie auf den Text bezogen verwenden.

Was genau in die Konzeption geschrieben wird, können sich die Teammitglieder, insbesondere die Leitung, in Absprache mit dem Träger überlegen. Dabei sollten sie sich fragen, was sie selbst als Außenstehende von einer pädagogischen Einrichtung erfahren wollten, die ihr eigenes Kind besuchen soll. Welche Rahmenbedingungen müssen erwähnt werden, welche konkreten pädagogischen Fakten?

Hilfreich ist hier wieder das „Spicken" bei anderen Einrichtungen, um sich einen Überblick der Möglichkeiten zu verschaffen. Aber auch das Mind-Mapping im Team hilft, wünschenswerte Punkte für die Konzeption zu erkennen.

Folgende Punkte kann eine Konzeption berücksichtigen (Textor, Konzeptionsentwicklung in Kindertageseinrichtungen, www.kindergartenpaedagogik.de/17.html, 19.09.2008):

Die pädagogische Konzeption ist dem Portfolio eines Kindergartens ähnlich.

1. *Vorwort*
   Gründe für die Konzepterstellung
   Adressaten der Konzeption
2. *Geschichte der Einrichtung*
3. *Umfeld der Einrichtung: Einzugsbereich, Bevölkerungsstruktur, Charakteristika des Ortsteils, naturbelassene Flächen usw.*
4. *Lebenssituation der Kinder in Familie und Wohnumgebung: Familienformen, Berufstätigkeit der Eltern, Einkommenssituation, Anteil von Ausländern, häufige Belastungen der Familien, Bedürfnisse der Kinder usw.*
5. *Vorstellung der Einrichtung: Träger, Gebäude, Räume, Außenanlagen, Zahl der Gruppen, Gruppengröße, Personal, Öffnungszeiten, Urlaubszeiten, Aufnahmeverfahren (Warteliste), Elternbeiträge, Spielgeld usw.*
6. *(früh)pädagogischer Ansatz*
   - *Bedeutung der Erziehung in der Kindertageseinrichtung (insbesondere des Spiels)*
   - *Menschenbild, Bild vom Kind*
   - *Werte und Erziehungsziele*
   - *vertretener Ansatz (Situationsansatz, Montessori-Ansatz, integrativer Ansatz)*
   - *Rolle der Erzieherin*
   - *Erziehungsstil, -verhalten, -mittel*
   - *Gestaltung der Beziehung zwischen Erzieherin und Kindern (Konfliktlösung, Rechte der Kinder, Mitbestimmung, z. B. durch Kinderkonferenzen)*
   - *Zusammenarbeit zwischen Gruppen (z. B. Öffnung, gemeinsame Aktivitäten)*
   - *Zeitplanung/Ablauf eines Tages*
   - *Didaktik (gezielte und freie Angebote, Beschäftigungen, Projekte usw.)*
   - *Methodik (Spiel, Stuhlkreis, Kleingruppenarbeit, Einzelförderung, Gespräch usw.)*

- *besondere Erziehungsbereiche*
- *Sozialerziehung (Bedeutung der Gruppe für das einzelne Kind)*
- *Vorbereitung auf die Schule*
- *Hausaufgabenbetreuung*
- *Zusammenarbeit mit Lehrern der Schulkinder*
- *Spracherziehung*
- *religiöse Erziehung*
- *Bewegungserziehung*
- *Gesundheitserziehung*
- *ästhetische Erziehung*
- *musikalische Früherziehung*
- *Medienerziehung*
- *Umwelterziehung*
- *interkulturelle Erziehung*
- *kompensatorische Maßnahmen (Ausgleich von Defiziten, die aus der familialen Lebenssituation oder der Wohnlage resultieren)*
- *Integration von Ausländer-, Aussiedler-, behinderten und anderen Kindern mit besonderen Bedürfnissen*
- *Ernährung und Hygiene*
- *Raumgestaltung und -ausstattung, Gestaltung der Außenspielflächen*

7. *Regeln in der Kindertageseinrichtung (für Kinder und Eltern)*
8. *Elternarbeit: Bedeutung der Erziehungspartnerschaft, Ziele, Formen, Informationsfluss, Mitbestimmungs- und Mitarbeitsmöglichkeiten, Rolle des Elternbeirats usw.*
9. *Team: Zuständigkeiten, pädagogische Planung, Mitarbeiterbesprechungen, Dienstplan, Verfügungszeiten, Fortbildungen, Einarbeitung neuer Mitarbeiterinnen, Einbeziehung von Köchin, Putzfrau und Hausmeister usw.*
10. *Kooperation mit dem Träger: Rolle des Trägers, Ziele und Vorgaben des Trägers, Informationsaustausch, Absprachen über Entscheidungsbefugnisse, Rechte und Pflichten usw.*
11. *Gemeinwesenorientierung/Öffnung nach außen: Zusammenarbeit mit Schulen, Pfarrei, Beratungsstellen, psychosozialen Diensten, Frühförderstellen, Alten- und Behindertenheimen, Betrieben, kulturellen Einrichtungen, Vereinen, Jugendamt usw.*
12. *Öffentlichkeitsarbeit*

Bevor nun alle diese Punkte einfach übernommen werden, muss sich das Team klarmachen, wer die Konzeption lesen soll: die Eltern, neue Teammitglieder, Fachleute, die mit der Einrichtung in Kontakt treten, der Träger. Das heißt also, in der Konzeption müssen alle Punkte stehen, die für diese Leser wichtig sind. Aber auch nur so viele, dass sie einen ausreichenden Eindruck erhalten.

Konzeptionen schreiben heißt, die Einrichtung und die pädagogische Arbeit des Teams informativ und treffend zu beschreiben. Kurz und prägnant ist dabei besser als lang und ausschweifend.

2.5 Pädagogische Zielsetzung

Zielsetzung der pädagogischen Arbeit

Voraussetzung für die Arbeit mit Portfolios ist ein pädagogischer Ansatz, der das Kind als Lernenden in den Mittelpunkt stellt. Nur dann können auch die individuellen Charakteristika jedes einzelnen Kindes ins Zentrum des Interesses treten. Es muss also zunächst innerhalb der Kita geklärt sein, ob das kindzentrierte Arbeiten überhaupt gewollt ist.

Für die effektive Arbeit mit Portfolios ist es nun wichtig, die Ziele des Teams in der pädagogischen Arbeit zu formulieren. Das heißt, die unter Punkt 6 der vorgestellten möglichen Konzeptionsgliederung aufgeführten Ziele, werden nun noch genauer ausgeführt. Diese Zielsetzung dient dem Team als Grundlage und Leitfaden für die praktische, pädagogische Arbeit. Gleichzeitig wird darin aufgezeigt, wie die jeweiligen Ziele erreicht werden sollen – der Weg zum Ziel ist letztendlich das Lernen.

Ein kindzentrierter pädagogischer Ansatz ist Voraussetzung für die Arbeit mit Portfolios.

Ein frei gewähltes Beispiel

Selbstständigkeit

Was verstehen wir unter Selbstständigkeit?

– Denken und Handeln, ohne Hilfe anderer

Wie drückt sich Selbstständigkeit aus?

– Das Kind kann sich selbst helfen, selbst handeln, es weiß, wie es Hilfe bekommt.

In welchen Bereichen können die Kinder selbstständig werden?

– In allen lebenspraktischen Bereichen – altersentsprechend. Begonnen vom Toilettengang über das Schneiden des Fleisches beim Mittagessen bis zum selbstständigen Überqueren der Straße.

Wie fördern wir sie konkret?

– Wir versuchen, den Kindern nichts vorwegzunehmen – getreu dem Motto der Maria Montessori „Hilf mir, es selbst zu tun“, wollen wir die Kinder ermuntern, selbst die Initiative zu ergreifen.

– Wir wollen die Kinder in ihrem Selbstwertgefühl bestärken, sie sollen sich (ver)trauen, etwas auszuprobieren.

Ausprobieren schafft Selbstvertrauen.

Übersichtlich gestaltet könnte der Zielplan eines Teams so aussehen:

Unsere pädagogischen Ziele

- Ziel
  - Kreativität
- Form
  - Fantasie in verschiedensten Bereichen praktisch umsetzen
- Bereiche
  - Alle Bereiche des Lebens
- Förderung
  - Anregen, etwas auszuprobieren
  - Eigene Wege und Ergebnisse zulassen
  - Den Wert des Tuns schätzen, nicht das Ergebnis
- Praxis
  - Wir verwenden möglichst keine Schablonen, lassen die Kinder frei gestalten.
  - Wir versuchen das „Schön" als Bewertungskriterium abzulegen und stattdessen die kreative Arbeit als solche zu honorieren.
  - Wir schaffen räumliche und zeitliche Rahmenbedingungen, um den Kindern kreatives Tun zu ermöglichen.
  - Kreativität ist nicht gleich Basteln und Malen – wir lassen Kinder in jedem Bereich die Freiheit, eigene Vorstellungen umzusetzen.

2.6 Lernziele

Wie lernen Kinder?

Lernen beginnt bekanntermaßen schon im Mutterleib. Denn Lernen ist nicht nur Wissen erwerben oder sich bilden. Lernen bedeutet auch, seinen Körper bewusst einzusetzen, seine Gefühle zu kontrollieren, zu handeln, für sich selbst einzustehen und vieles mehr. Wie aber lernen Kinder?

Der Mensch lernt sein gesamtes Leben lang.

*Unter **Lernen** versteht man den absichtlichen (intentionales Lernen) und den beiläufigen (inzidentelles und implizites Lernen), individuellen oder kollektiven Erwerb von geistigen, körperlichen, sozialen Kenntnissen und Fertigkeiten oder Fähigkeiten. Aus lernpsychologischer Sicht wird Lernen als ein Prozess der relativ stabilen Veränderung des Verhaltens, Denkens oder Fühlens aufgrund von Erfahrung oder neu gewonnenen Einsichten und des Verständnisses (verarbeiteter Wahrnehmung der Umwelt oder Bewusstwerdung eigener Regungen) aufgefasst.*

Die Fähigkeit zu lernen ist für Mensch und Tier eine Grundvoraussetzung dafür, sich den Gegebenheiten des Lebens und der Umwelt anpassen zu können, darin sinnvoll zu agieren und sie gegebenenfalls im eigenen Interesse zu verändern. So ist für den Menschen die Fähigkeit zu lernen auch eine Voraussetzung für Bildung, also ein reflektiertes Verhältnis zu sich, zu den anderen und zur Welt. Die Resultate des Lernprozesses sind nicht immer von den Lernenden in Worte fassbar (implizites Wissen) oder unzweideutig messbar (http://de.wikipedia.org/wiki/Lernen, 15.09.2008).

Lernen ist aber auch abhängig von Emotionen. Jeder weiß, wie einfach es ist, eine neue Sprache zu lernen, ist man gerade in dem fremden Land, genießt dort die Ferien und vielleicht sogar den Urlaubsflirt. In dieser positiven Grundstimmung scheinen die Begriffe in der fremden Sprache einfach so im Kopf hängen zu bleiben. Zu Hause aber, vor dem Buch sitzend und studierend, wollen die Wörter erst gar nicht hinein ins Gedächtnis.

Je aufmerksamer ein Mensch ist, desto besser wird er bestimmte Inhalte behalten. Ein Kind kann sich einer Sache umso aufmerksamer zuwenden, je mehr es daran interessiert ist, je mehr es gefühlsmäßig eingebunden ist und je mehr Spaß es macht. Macht eine Sache Spaß, wird Dopamin, ein Botenstoff des Gehirns, aktiviert. Dieser Botenstoff wird ausgeschüttet, wenn wir gelobt werden, wenn uns etwas Spaß macht, wenn etwas für uns bedeutsam ist. Bedeutsam ist, was neu und was gut für uns ist, vor allem das, was für uns besser ist, als wir es zuvor erwartet haben. Dieses System treibt uns voran, motiviert unsere Handlungen und bestimmt, was wir lernen (Spitzer, 2002). Dopamin führt zu einer Freisetzung körpereigener Opiate, die uns durch ihre stimmungsaufhellende Wirkung sowie ein Wohl- und Glücksgefühl belohnen. Diese Gefühlslage macht uns fähig, die Tätigkeit, die diese Stimmung auslöste, besonders intensiv zu verrichten, sie besser abzuspeichern und daher besser zu lernen.

Es ist wichtig zu wissen, dass nur dann gelernt wird, wenn positive Erfahrungen gemacht werden, wobei diese beim Kind vor allem über das Lob und die Anerkennung der Eltern oder auch durch andre Bezugspersonen erfolgen. Eine positive Stimmung macht die Gedanken frei und fördert das Lernen (Spallek, 2004, S. 38).

Geborgenheit und Vertrauen schaffen eine sichere Basis für das lernende und sich entwickelnde Kind.

Erzieherinnen müssen also für eine positive Grundstimmung im Kindergarten sorgen. Sie sind zuständig dafür, dass Kinder ausreichend Anreize erhalten, die sie zum Lernen motivieren können, weil sie ihr Interesse wecken. Und nicht zuletzt sollten die Pädagoginnen Kinder loben bzw. ermuntern, bestätigen und vor allem ihr Tun, ihr Sein und ihre Wissbegier als einmalig und positiv würdigen.

Ein fröhliches Miteinander motiviert zum Lernen.

Wenn sich das Kind wohlfühlt, lernt es leichter.

Lernmethodische Kompetenz

Lernen kann ein Kind nicht einfach so. Zumindest nicht das gezielte, konkrete und somit bewusste Lernen. Dies ist ein Prozess, den Pädagoginnen im Kindergarten unterstützen müssen. Es geschieht durch Vorleben, also Vorbildsein, Anleiten und immer wieder Reflektieren.

Ein Kind, das lernmethodische Kompetenzen entwickelt hat, ist in der Lage:
- *seinen Lernprozess zu planen und sich bewusst Ziele zu setzen,*
- *seinen Lernprozess durchzuführen und zu überwachen,*
- *über seinen Lernprozess zu reflektieren und daraus Schlüsse für zukünftiges Lernen zu ziehen.*

(Merget-Kullmann/Wende, 2007, S. 10)

Bewusstes Lernen beinhaltet also den Wunsch, etwas können oder wissen zu wollen. Kinder müssen demnach Anreize erhalten, um das Bedürfnis zu lernen erst einmal entwickeln zu können. Um zu verstehen, dass dieses Bedürfnis zwar grundsätzlich da ist, aber durch zu wenig, zu viel oder falsche Impulses gestört werden kann, hier ein wahres Beispiel:

Beispiel

Ein Kind wird schon bald nach seiner Geburt mit Musik aus einer Spieluhr berieselt. Der Fernseher läuft fast immer. Als es beginnt, mit den Händen nach etwas zu greifen, erhält es bereits die ersten Spielsachen wie Klingelbälle und kleine Tiere, die sich in irgendeiner Form selbst bewegen oder Geräusche machen. Nach einem Jahr besitzt das Kind ein Zimmer voller vollautomatischer Spielsachen. Aus jeder Ecke sind Geräusche zu hören, ein Würfel quiekt, wenn man ihn anschubst, ein Hündchen bellt laut und läuft wackelnd durch den Raum. Kann das Kind abends nicht einschlafen, darf es in einer vollautomatischen Babywippe zusehen, wie Papi am Computer spielt. Das Kind kann mit einem Jahr nicht krabbeln oder sich hochziehen. Seine Gelenke, Muskeln und Sehnen haben sich nicht richtig entwickelt, da es bisher nur passiv gespielt – also gelernt – hat. Meist nimmt es eine halb liegende Position ein und beobachtet die selbstständigen Spielsachen um sich herum. Mit zwei Jahren darf es endlich hinaus auf die Wiese. Die Mutter hat inzwischen Rat und Unterstützung durch eine Therapeutin erhalten und erfahren, wie wichtig es ist, das Kind selbst seine Umgebung erkunden zu lassen. Fröhlich robbt es nun durch das Gras. Nach einem halben Jahr kann es endlich richtig gehen und sich selbstständig bücken, um etwas aufzuheben. Mit drei Jahren hat es aber noch nicht gelernt zu sprechen – es quietscht nur, wenn es sich bemerkbar machen will.

Die fehlende Möglichkeit der Selbsterfahrung hat das Kind passiv werden lassen. Impulse wurden immer von außen vorgegeben, sodass das Kind seine eigene Motivation vollkommen zurückgestellt hat. Fehlende sinnliche Reize haben ebenso dazu beigetragen, die Entwicklung des Kindes zu verzögern.

Lernziele für das einzelne Kind

Jedes einzelne Kind hat einen individuellen Wissens- und Entwicklungsstand sowie individuelle körperliche und geistige Voraussetzungen. Daher reicht es nicht aus, die allgemeinen pädagogischen Ziele der Einrichtung sowie der Erzieherinnen auf das

Kind zu übertragen. Hier geht es ums Detail. Wie auch im Kapitel 7.2 „Portfoliogespräch mit dem Kind“ (siehe Seite 105) erklärt, entsteht aus der momentanen Situation des Kindes heraus, im Gespräch oder auch durch Beobachtungen eine „Diagnose“ der momentanen Entwicklung. Daran anknüpfend können konkrete Lernziele von der Erzieherin für das einzelne Kind formuliert werden. Dabei ist es wichtig, die Ziele kindgerecht und dem Lernverhalten des Kindes entsprechend zu setzen. Hier kann das sogenannte SMART-Modell helfen.

Kindgerechte Förderung beinhaltet das genaue Beobachten und Respektieren der eigenen Schritte des Kindes.

Zielen sollen also:
- *Spezifisch*
- *Messbar*
- *Anspruchsvoll*
- *Realistisch und als*
- *Teilziele formulierbar*

sein.
(Merget-Kullmann/Wende, 2007, S. 12)

Beispiel

Jonatan, vier Jahre, ist bereits sehr selbstständig für sein Alter. Wenn es ihm irgend möglich ist, versucht er die Aufgaben selbst zu lösen. Die Erzieherinnen beobachten aber, dass Jonatan es nicht besonders gut aushält, eine Aufgabe abzugeben. Wenn er etwas nicht alleine schafft, wird er wütend und schließlich sogar aggressiv. Er haut den Gegenstand, mit dem er sich beschäftigt hat, in die Ecke oder schlägt auf ein Möbelstück ein. Nach einer Weile beruhigt er sich wieder, geht die Aufgabe aber vorerst nicht wieder an. Es dauert recht lange, ihn dazu zu motivieren, einen neuen Versuch zu wagen.

Ganz offensichtlich ist hier das pädagogische Ziel der Selbstständigkeit bereits erreicht. Allerdings fehlt es an der mentalen Reife, mit dem Weg zur Selbstständigkeit umzugehen. Jonatan hat eine sehr niedrige Toleranzschwelle und setzt sich selbst sehr unter Druck. Obwohl er schon so viel kann, ein enorm geschicktes und wissbegieriges Kind ist, hat er wenig Selbstvertrauen. Die Erzieherinnen setzen für Jonatan ein neues, sehr gewichtiges Lernziel:

- Selbstvertrauen stärken

Wie aber ist das Erreichen dieses Zieles messbar? Die Pädagoginnen kommen zu dem Schluss, dass sie das Ziel noch konkreter formulieren, das heißt, es in mehrere Teilziele aufgliedern müssen.

Je konkreter ein Ziel formuliert ist, desto besser lässt sich sein Erreichen messen.

- Jonatan soll sich selbst gut und wichtig finden.
- Jonatan soll Erfolgserlebnisse haben.
- Er soll sich trauen, auch mal Hilfe anzunehmen.

Die Messbarkeit dieser Ziele ist nicht immer einfach anzusetzen. Woran erkennt die Erzieherin, dass das Kind sich selbst akzeptiert und auch für gut befindet? An seinem Verhalten? An seinen Aussagen? Hier müssen die Pädagoginnen eventuell noch weiter in die Tiefe ihrer Ziele gehen, um die Messbarkeit festzulegen.

Um Ziele anspruchsvoll zu formulieren, muss die Erzieherin das Kind gut genug kennen. Das heißt, sie sollte schon vorher Beobachtungen angestellt haben, um das Kind einschätzen zu können.

Das Team überlegt nun, wie es Jonatan konkret dabei helfen kann, mehr Selbstvertrauen zu gewinnen. Dafür geht es noch einmal die vorhandenen Beobachtungsbögen durch und die Situation wird im Team besprochen. Den Teammitgliedern fällt auf, dass Jonatan besonders hilfsbereit ist und sehr gut zeigen und erklären kann. Auch ist er sehr geduldig mit anderen, besonders jüngeren Kindern. Schnell wird klar, dass Jonatan öfter den jüngeren Kindern helfen darf. Außerdem soll er wesentlich mehr bestärkt werden. Das heißt, die Erzieherinnen müssen darauf achten, ihn auch im Alltag, bei ganz belanglosen kleinen Tätigkeiten und Situationen zu ermuntern und ihm Wertschätzung zu zeigen. Der dritte Punkt ist, die zukünftigen Ziele, die er sich selbst setzt, etwas niedriger zu gestalten. Das heißt, wenn Jonatan meint, er wolle die Schleife können, sollte er zunächst einen Knoten ausprobieren, damit er sich freuen kann, wenn ihm dieser gelingt und die Motivation beibehalten wird.

Die Schritte lauten also wie folgt:

Lernziel

- Selbstvertrauen stärken

Teilziele

- Jonatan soll sich selbst gut und wichtig finden.
- Jonatan soll Erfolgserlebnisse haben.
- Er soll sich trauen, auch mal Hilfe anzunehmen.

Umsetzung

- Jonatan soll öfter mal den jüngeren Kindern helfen.
- Er erhält in Zukunft mehr Bestärkung im Alltag.
- Seine eigenen Ziele müssen niedriger gesteckt werden, damit Teilerfolge eintreten können.

Anderen helfen stärkt das Selbstwertgefühl.

Zur Überprüfung der Zielsetzung und zur leichteren Zielfindung können folgende Punkte helfen:

Allgemeine Leitfragen zur Zielsetzung

- *Was sollen die Kinder am Ende des Projekts erreicht haben?*
- *Was ist das Hauptziel?*
- *Habe ich das Hauptziel spezifisch formuliert?*
- *Was sind die Teilziele?*
- *Habe ich die Teilziele spezifisch formuliert?*
- *Wie kann ich erkennen/messen, ob die Ziele erreicht sind? Was sind meine Kriterien zur Erreichung der Ziele?*
- *Was wollen die Kinder zum Thema unbedingt lernen/wissen?*
- *Sind die Ziele anspruchsvoll genug für die Kinder? Sind die Ziele machbar für die Kinder oder werden sie evtl. überfordert?*
- *Wie kann ich die Ziele für einzelne Kinder differenzieren (vereinfachen/erschweren)?*

(Merget-Kullmann/Wende, 2007, 2.1.2.1 Zielsetzung, S. 12)

Das Kind setzt sich selbst Lernziele

Wenn mit Portfolios gearbeitet wird, haben Kinder die Möglichkeit, sich selbst, ihr eigenes Handeln und Erleben zu reflektieren. Sie entdecken, was sie schon können, und wollen im Anschluss im besten Falle mehr lernen und wissen. Diese konkreten Ziele sollen vom Kind formuliert werden (siehe auch Kapitel 7.2 „Portfoliogespräch mit dem Kind“, Seite 105). Im Gegensatz zu den Zielen, die die Erzieherin absteckt, geht es hier um die Erlebenswelt des Kindes. Es sind reale Träume, die erfüllt werden sollen: Ich will schreiben können. Ich möchte wissen, wie ein Kugelschreiber funktioniert. Ich möchte endlich einen Purzelbaum schaffen. Durch Portfolioarbeit werden diese Wünsche – eben die Lernziele des Kindes – offensichtlich. Jetzt äußert es, was es möchte, sodass die Erzieherinnen einfach nur helfen müssen, das Ziel zu erreichen.

Die Hilfe bei der Erreichung des Ziels kann vielfältig aussehen. Doch sollten nicht die Erziehrinnen die Ideen für die Umsetzung liefern, sondern die Kinder selbst.

Ältere Kinder können selbst Lernziele fomulieren.

Beispiel

Marta: „Ich möchte eine Decke für meine Puppe nähen, damit sie nicht immer so friert.“

Erzieherin: „Was brauchst du dafür?“

Marta: „Stoff und eine Schnur. Und eine Nadel ... Aber ich kann ja noch gar nicht richtig nähen.“

Erzieherin: „Komm, wir suchen zusammen Stoff und einen Faden und eine Nadel heraus. Sicher finden wir auch ein Stück Stoff, an dem du üben kannst.“

Das Kind hat eine Idee und möchte diese Umsetzen. Das Lernziel des Kindes ist darin formuliert: Eine Decke nähen. Die Erzieherin unterstützt das Kind in seinem Tun. Sie steckt das Ziel etwas niedriger, indem sie dem Kind zunächst einen Übungsstoff geben will. So kann es erst ausprobieren, trainieren und, wenn es sich sicher ist, die Decke für die Puppe nähen.

Wer sein Ziel erreichen will, muss es realistisch abstecken.

Beim Formulieren von Lernzielen ist es demnach die Aufgabe der Erzieherin, die Schritte dahin im Auge zu behalten. Das heißt, sie unterstützt das Kind dabei, realistische Ziele anzustreben, die einen Erfolg versprechen. Eine Garantie wird es nicht geben, aber mit Hilfe engagierter Pädagogen werden die Kinder zumindest ein gutes Gefühl auf dem Weg dahin haben.

Auch bei themenorientierter Planung können Kinder selbst ihre Lernziele formulieren. Hier ist es wichtig, dass die Erzieherinnen ihre Themen weit stecken und den Kindern die Freiheit lassen, nach ihren Interessen für sich selbst Ziele auszusuchen.

Beispiel

Die Kindertagesstätte plant eine Waldwoche. Fünf Tage lang wollen sie zusammen den Vormittag im nahegelegenen Wald verbringen. Bei der Überlegung, was sie dort alles erleben können, kristallisieren sich bereits die Wünsche und Fragen der Kinder heraus.

Marie: „Ich will über einen Baumstamm gehen, ohne runterfallen."

Sebastian: „Ich will wissen, ob es Ameisen gibt. Und welche gibt es überhaupt? Und wo wohnen sie?"

Die Erzieherin ermuntert die Kinder, mit ihr gemeinsam Blätter für das Portfolio zu gestalten. Sie notieren ihre Fragen darauf. Während der Waldwoche erinnert sie die Kinder an ihre Fragen, wenn sie nicht von selbst daran denken. Sebastian hat sich von zu Hause eine Lupe mitgebracht. Er sucht im Wald nach Ameisen, und als er welche entdeckt, schaut er sie ganz genau an. Er bittet die Erzieherin, ein Foto zu machen. Das ist schwierig, weil die Ameisen so schnell laufen. Aber Sebastian hat eine bessere Idee: Er zeichnet eine Ameise. Und am nächsten Tag bringt er ein Buch mit, das er mit seiner Mutter aus der Bücherei geliehen hat. Hier gibt es viele Bilder von Ameisen und er bittet die Erzieherin, eines davon für das Portfolio zu kopieren. Im Laufe der Woche entdeckt Sebastian drei Arten Ameisen und auch einen richtigen Ameisenhügel. Er findet, dass er ein Ameisenexperte geworden ist. Im Anschluss an die Waldwoche füllen die Kinder ihre Blätter fertig aus. Sie haben Wege und Lösungen gefunden, ihre Lernziele zu erreichen, und sind jetzt sehr stolz und glücklich.

„Das will ich lernen."

Die beste Motivation zum Lernen ist das eigene Interesse.

Das Beispiel zeigt, wie Kinder mit großem Eifer ohne Druck lernen, wenn sie sich selbst, nach ihren persönlichen Interessen und Wünschen, das Lernziel abstecken dürfen. Manche Erzieherin befürchtet, dass auf diese Weise ein Kind nicht umfassend genug gefördert wird. Diese Angst ist recht unbegründet.

Der beste Weg, Menschen – Kinder oder Erwachsene – zu motivieren, ist, ihr Streben nach Autonomie zu unterstützen. Bei größeren Kindern zum Beispiel, indem man ihnen die Gründe für die Wichtigkeit einer Aufgabe (Arbeit) erklärt und ihnen dann die größtmögliche Freiheit und Wahl der Mittel lässt. Mit diesem Vorgehen erreichen Eltern, Lehrer oder auch Vorgesetzte sehr viel mehr als mit dem traditionellen System von Belohnung und Strafe. Unsere Frage ist also nicht mehr „Wie motiviere ich mein Kind?", sondern „Wie kann ich Umstände und Situationen herstellen, in denen Kinder ihren angeborenen Drang, selbst Dinge in die Hand zu nehmen, ausleben können, um sich selbst zu motivieren?"
(Zimmer, 2005, S. 176)

Gerade bei dem Beispiel „Waldtage" kann man sehen, dass das Thema sich immer weiter entwickelt hat. Der Junge hat sich selbst um Medien gekümmert, um seine Forschungsergebnisse zu dokumentieren. Gleichzeitig haben sich sicher noch einige andere Kinder für seine Ameisensuche interessiert und sich zusätzlich zu ihren eigenen Lernzielen etwas abgeschaut.

Die Erzieherin kann ihre Auswertungen und Ziele für die Kinder zu Hilfe nehmen, um sie wirklich umfassend zu fördern. Wenn also Sebastian ein besonders träger Junge ist, der sich ungern bewegt und dazu neigt, etwas mollig zu werden, kann die Erzieherin sich ein Spiel ausdenken, das an die Ameisen erinnert. Zum Beispiel eine Staffel, bei der die Kinder wie die Ameisen etwas tragen und auf einem Weg hin und her laufend etwas tun müssen. Sie könnten in kleinen Tassen Wasser aus einem Bach schöpfen und in einen großen Eimer füllen oder einen Turm aus Tannenzapfen bauen. Gleichzeitig mit der Bewegungsförderung wird hier sogar noch das Sozialverhalten angesprochen – wie die Ameisen müssen die Kinder ihre Aufgabe zusammen meistern.

Selbstständiges Lernen im Wald

Lernziele benennen aufgrund
- des Bildungsplans,
- der pädagogische Vorstellungen des Teams,
- der individuellen Entwicklung des Kindes und
- der Vorstellung des Kindes für sich selbst.

2.7 Arbeiten nach den Bildungsplänen

Die Bildungspläne der einzelnen Bundesländer geben vor, welche Kompetenzen und Lernziele die Kinder erreichen sollen. Sie wollen Erzieherinnen einen Leitfaden zur Qualitätssicherung bieten und dazu anregen, Kinder individuell und ganzheitlich zu fördern und zu fordern. Dabei sollte immer bei ihren Stärken und Interessen angesetzt werden. Eine „positive Erziehung" ist also ein Muss: loben, ermuntern und Möglichkeiten zur individuellen Entwicklung bieten.

Die Bildungspläne sind Leitfäden für die pädagogische Arbeit mit Kindern.

Nun fragen sich viele Kindergärten, wie sie es schaffen sollen, den Bildungsplänen wirklich gerecht zu werden. Wo doch keine von ihnen wirklich verstanden hat, wie Strom entsteht oder warum es beim Gewitter donnert. Wie sollen sie Kindern den Zahlenraum näherbringen, wenn sie doch Mathe nie leiden konnten?

Hier ist die Leitung gefragt, ihre Mitarbeiter zu motivieren. Pädagogen sollten imstande sein, ihr eigenes Wissen ständig weiterzuentwickeln und im steten Lernen zu bleiben. Sie müssen erkennen, dass gemeinsames Lernen nicht Wissen pauken bedeutet, sondern neue Erkenntnisse erfahren. Daraus resultiert schließlich eine positive Grundhaltung zum Lernen und Weiterbilden, die unbedingt nötig ist, um Kindern Bildung effektiv zu vermitteln. Der Spaß am Lernen, die Neugierde, Neues zu entdecken, ist Grundvoraussetzung für das Lehren und Motivieren der Kinder. Erzieherinnen sind stets Vorbilder für die Kinder, so auch beim Lernen. Wenn sie vorleben, neugierig zu sein, zu hinterfragen und nicht aufzugeben, wenn es heißt, eine Lösung zu finden, werden die Kinder diese Haltung verinnerlichen und im besten Falle übernehmen.

Die Erzieherin als positives Vorbild beim Lernen

Das Arbeiten nach den Bildungsplänen hat einen entscheidenden Vorteil zu früheren Zeiten ohne konkrete Vorgaben: die Arbeitserleichterung. Im Plan sind Ziele bereits vorgegeben, die jedes Kind erreichen soll – die die Einrichtung anstreben und vermitteln muss. Jetzt müssen die Teammitglieder nicht mehr stundenlang herumplanen und aufpassen, bloß keinen der vielen Kompetenzbereiche zu vergessen. Sie können anhand des Planes strukturiert vergleichen, ob sie als Einrichtung sämtliche Förderungen und Forderungen bieten. Natürlich bedeutet das nicht, dass einfach abgehakt wird. Auch die von erfahrenen Wissenschaftlern und Praktikern ausgearbeiteten Bildungspläne sind kritisch zu betrachten. Letztendlich zählt das einzelne Kind, die jeweilige Situation im momentanen Umfeld – der Kita. Nutzt man also den Plan als Grundlage, als Basis für die eigene Zielplanung in der Kita, ist er eine zeitsparende Stütze.

Plant eine Kita ihre Arbeit wöchentlich, monatlich oder mit einem Jahresplan, kann sie ihre Themen auf den Bildungsplan umschreiben. Das heißt, das Team überlegt sich, wie es die verschiedenen Bereiche unter dem Motto des Themas ansprechen kann. Daraus ergeben sich konkrete Ziele für die Planung des Alltags, die wiederum in die Portfolioarbeit einfließen können.

Beispiel

Die Kita Sonnenschein hat sich als Monatsthema „Wasser" überlegt. Das Team möchte sich innerhalb des Themas möglichst frei bewegen und den Kindern ermöglichen, eigene Impulse zu setzen. Um die Arbeit zu erleichtern, hat das Team eine Themenliste mit jeweiligen Bildungsbereichen aufgestellt und dazu Umsetzungsanregungen entworfen.

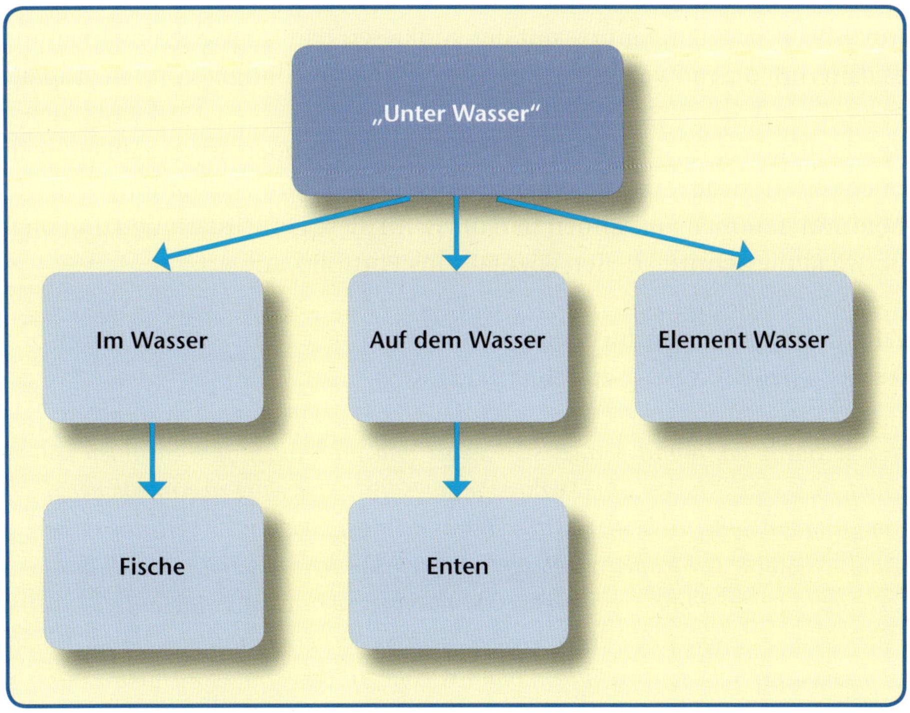

Nach einem gemeinsamen Brainstorming (evtl. mit der Mind-Map-Methode) arbeitet das Team einen Plan aus, der in etwa so aussehen könnte:

Basiskompetenzen	Wir planen und bauen gemeinsam einen Wasserspielplatz im Garten.
Ethik, Religion, Gefühle, Soziales	Wir besuchen die DLRG und lernen, wie Menschen vor dem Ertrinken gerettet werden.
Sprache	„Fischers Fritze ..."
Mathe	Wir gestalten ein Fische-Memory und spielen es.
Naturwissenschaft, Technik	Welches Wasser gibt es? Versuche mit farbigem Wasser, salzigem, süßem, mit Sprudel und ohne usw. Welche Zustände kann Wasser haben (einfrieren und auftauen, verdampfen lassen, flüssiges Wasser)?
Umwelt, Natur	Ausflug zum See, Tiere beobachten, evtl. Gespräch mit dem Fischer
Informatik, Medien	Büchereibesuch
Bildnerisches, Kulturelles	Flachen Fisch aus Ton formen, verschiedene Materialien (Schrauben etc.) als Schuppen hineindrücken, brennen; evtl. bemalen, aufhängen.
Musik	„Die Fröschelein"
Bewegung	Krakenfangen, Schwimmen
Gesundheit	Wir gehen schwimmen. Wir trinken verschiedene Sorten Wasser und vergleichen den Geschmack.

(Unter Verwendung der Bildungsziele nach AVBayKiBig §2 ff.)

Themenplanung anhand der Lernfelder des Bildungsplans erleichtert die Übersicht über die Abdeckung aller Kompetenzbereiche.

Dieser Themenplan nach den Bildungszielen gibt den Erzieherinnen einen guten Überblick über mögliche Aktionen und Angebote. Nicht zu verwechseln ist diese inhaltliche Themenplanung mit der konkreten pädagogischen Zielplanung, bei der es dann um die individuelle Förderung und Vermittlung von (Lern-)Inhalten geht.

Bei der Planung ist immer zu bedenken, dass besonders innerhalb eines situationsorientierten Ansatzes ausreichend Raum für spontane – situationsbedingte – Angebote und Aktionen vorhanden sein muss. All diese Lernsituationen und ungeplanten Entwicklungsschritte fließen ebenfalls ins Portfolio mit ein.

Zum besseren Verständnis der inhaltlichen Arbeit mit dem „Situationsorientierten Ansatz" hier ein Auszug aus einer Erklärung:

„Zeit gewähren, damit Kinder sich selbst und ihr Umfeld wahrnehmen können; Ruhe fördern, um bei Kindern eine Wahrnehmungsdifferenzierung zu ermöglichen; Liebe geben, um Kindern dabei zu helfen, sich selbst annehmen zu können; Vertrauen leben, um Stolz und Ich-Stärke bei Kindern aufzubauen; den Kindern das tiefe Gefühl des Verstanden-Werdens geben, damit sie intensiven Kontakt zu sich selbst aufnehmen können und sich der eigenen Person sowie ihrer Welt öffnen; Sicherheit vermitteln, damit Kinder in den Prozess einer Selbstentwicklung kommen können; Bewegung zu einem zentralen Aspekt erklären, damit durch den damit verbundenen Stressabbau die Basisfähigkeit einer Selbststeuerung eintreten kann; Intimität und Geheimnisse den Kindern zugestehen, sodass sich ihr Differenzierungspotenzial zwischen ihrer öffentlichen und privaten Person entwickeln kann; eine Mitsprache ermöglichen und einfordern zum Aufbau eines

Wertigkeitsempfindens; vielfältige Erfahrungsräume bereitstellen, um Kindern dabei zu helfen, ihre Lernpotenziale zu entdecken und zu nutzen; Gefühle erleben lassen, um ihre Existenz zu akzeptieren und intrapsychisch zu integrieren; Sexualität bejahen, zulassen und unterstützen, damit Kinder ihre Identität auch tatsächlich ganzheitlich erleben können; Gewaltfreiheit zur obersten Priorität erklären, damit Kinder sich angstfrei auf die unterschiedlichsten Situationen und Lernvorgänge einlassen können; Neugierde in allen Facetten unterstützen, um Lernmotivation auf- und kontinuierlich auszubauen; Optimismus leben, um Kindern die Basisfähigkeit eines grundsätzlichen Konstruktivismus zu vermitteln und Respekt/Achtung zum festen Kommunikationsverhalten zu erklären, damit Kinder ihre Individualität, ihre Einmaligkeit erleben können – als Grundlage für den Aufbau eines Selbstwertgefühls.
So geht der „Situationsorientierte Ansatz" konsequent den Weg, Kindern zunächst dabei behilflich zu sein, ihre personale Ich-Kompetenz zu entwickeln, um daraus eine schrittweise Sachkompetenz aufzubauen."
(Krenz, 2008, S. 97)

Beispiel
Während des Themas „Im Wasser" macht die Gruppe einen Ausflug zum See. Ihr Lernziel heißt heute „Ich lerne verschiedene Tiere kennen, die auf dem Wasser leben." Während schon einige Kinder die Enten und Wasserläufer beobachten, entdeckt Daniel die Puppe einer Libelle, die gerade schlüpft. Die Erzieherin ermuntert auch die übrigen Kinder, sich das Phänomen anzusehen, denn dies ist eine seltene Gelegenheit. Zurück im Kindergarten, wird sofort in einem Buch alles nachgelesen, was über die Libellen und ihre Metamorphose zu finden ist. Einige Kinder malen gleich noch ein Bild dazu. Die Erzieherin verspricht, in der nächsten Portfoliostunde Fotos zu verteilen, die sie heute von der Libelle gemacht hat. Die Wassertierbeobachtung soll an einem anderen Tag nachgeholt werden, denn die Zeit war dafür heute zu kurz.

Situationsorientiertes Arbeiten setzt die Flexibilität der Erzieherinnen voraus.

Die Erzieherin überlässt es den Kindern, sich für ein Bildungsziel zu entscheiden. Nachdem sich diese für das Beobachten der Libelle entschieden haben, verschiebt sie die geplante Wassertierbeobachtung und unterstützt die Kinder in deren Forscherdrang. Dadurch haben die Kinder die Möglichkeit, mit einem positiven Eigeninteresse an die Lernerfahrung heranzugehen. Sie bekommen im Anschluss ihre Fragen beantwortet und haben ein Erfolgserlebnis durch das selbstständige Handeln und Hinterfragen, das sie in ihrem „Lernen zu Lernen" einen Schritt weiterbringt.

FAZIT

Kinder suchen Erklärungen für das, was um sie herum und in ihnen selbst passiert. Der Augenblick ist dafür ausschlaggebend. Kommt die Erzieherin diesem Wissensdurst nach, kann sie die Lernbegierde der Kinder fördern und selbst Kinder, die sonst wenig Interesse zeigen, zum Forschen, Nachfragen und Lernen motivieren.

Die Bildungspläne bieten eine gute und übersichtliche Einteilung für Portfolios. So können die Register mit den Oberpunkten der Förderbereiche beschriftet und die einzelnen Blätter darin eingeordnet werden (wie in Kapitel 3.3 „Portfolios, gegliedert nach Bildungszielen", siehe Seite 59, beschrieben).

2.8 Arbeiten mit speziellen pädagogischen Ansätzen

Wie in Kapitel 1.1 „Begriffserklärung und Entstehungsgeschichte“ (siehe Seite 8) beschrieben, sehen manche pädagogischen Ansätze bereits portfolio-ähnliche Dokumentationen vor. Daher wird hier der Bedarf nach einem zusätzlichen und tatsächlichen Portfolio nicht sehr groß sein.

In Wald- oder Naturkindergärten könnte jedoch Portfolioarbeit stattfinden. Normalerweise befindet sich immer eine „Basisstation“ in der Einrichtung, ein Bauwagen, eine Hütte oder ein fester Raum in einem Haus. Dort können die Ordner aufbewahrt und vor Nässe geschützt werden. Die eigentliche Portfolioarbeit, also das gestalten von Blättern für den Ordner, kann einmal wöchentlich stattfinden. Dann trifft sich die entsprechende Kleingruppe in ihrer Basis, um zusammen Portfolioseiten zu gestalten. Oder aber die Portfolios bestehen aus Video- und Audioaufzeichnungen, die von den Erzieherinnen gemacht und später gemeinsam mit dem Kind ausgewertet werden. Bei einer Aufzeichnungsform allein in dieser Art ist allerdings fraglich, ob das Kind noch eine Chance hat, selbst wirklich mitzuarbeiten. Im Gegensatz zu selbstgestalteten Blättern kann es ja nur wenig Eigenleistung erbringen. Fotos sind in jedem Fall möglich und wie immer eine Bereicherung für das Portfolio.

Ein Walderlebnis für das Portfolio

Portfolioarbeit findet in den meisten Kindergartenformen ihren Platz.

Bilinguale und andere „Sprachkindergärten“ sind besonders geeignet, um Portfolioarbeit durchzuführen. Gerade die sprachlichen Fähigkeiten und Entwicklungen lassen sich positiv dokumentieren. Hier wird einerseits viel mit Lerngeschichten und -berichten gearbeitet. Andererseits kann die Audioaufzeichnung hilfreich sein, um tatsächliche sprachliche Fortschritte festzuhalten.

Künstler-, Kultur-, Theaterkindergärten und ähnliche individuell konzipierte Einrichtungen für Kinder sehen in der Portfolioarbeit oft einen Spiegel ihres Tuns. Manchmal werden mit den Kindern eigene kleine Bücher kreiert, Fotomappen angelegt oder gar Filme gedreht. So wäre das tatsächliche Portfolio ein weiterer Schritt auf der pädagogischen „Qualitätsleiter", denn hier wird nicht nur gesammelt, sondern vor allem geplant und reflektiert.

Kindergärten mit heilpädagogischer Ausrichtung, Förderkindergärten, Integrationskindergärten oder Kindertagesstätten für Kinder mit geistiger und körperlicher Behinderung finden in der Portfolioarbeit eine sinnvolle Unterstützung ihrer pädagogischen Bemühungen. Gerade wenn es darum geht, die Entwicklung der Kinder besonders im Auge zu behalten, noch mehr zu fördern und zu fordern als im Regelkindergarten, ist die Übersichtlichkeit und Zusammenfassung der Portfolios eine große Hilfe.

Schulkindergärten für Kinder, die noch ein Jahr von der Schule zurückgestellt wurden, aber bereits sechs Jahre oder älter sind, können mit dem Portfolio schon sehr intensiv arbeiten. Hier dürfen die Kinder ruhig schon spielerisch in Richtung der Schul-Arbeitsblätter gefordert werden. Natürlich noch ganz ohne Druck und mit viel eigener Initiative. Allerdings ist in diesem Alter das Interesse an einem eigenen Portfolioordner schon sehr groß. Durch das „Nicht-Eingeschult-Werden" besteht die Gefahr, dass das Selbstwertgefühl beschädigt wurde. Die motivierende Arbeit mit Portfolios, die Wertschätzung und Anerkennung, die dabei vermittelt wird, kann dem auf jeden Fall entgegenwirken.

2.9 Eine Beobachtungsform

Um Verhalten, Entwicklung und Bildung zu dokumentieren, muss eine gezielte Beobachtung vorangehen. Auch in den Bildungsplänen steht, dass die Erzieherin regelmäßig zielgerichtet beobachten, beschreiben und dokumentieren soll. Es ist natürlich ganz einfach, diese Forderung zu erfüllen, indem man sich ein paar Beobachtungsbögen zuschicken lässt (diese gibt es im Fachbuchhandel zur Genüge) und sie dann gelegentlich ausfüllt, bzw. ankreuzt. Zur Beobachtung gehört aber viel mehr. Neben den Formularen, die natürlich einen gewissen Rahmen vorgeben, um innerhalb der Einrichtung einheitlich, nach gleichen Vorgaben zu beobachten, ist auch das individuelle, spontane, sogenannte „naive" Beobachten wichtig, um das einzelne Kind einschätzen zu können. Das Team muss von Grund auf geschult werden und sich umfassend in die Aufgabe des Beobachtens einarbeiten. Da dies ein weites und sehr spezielles Thema ist, soll hier im Folgenden nur ein kurzer Überblick gegeben werden.

Beobachten heißt nicht, Fragen nach dem Multiple-Choice-System abzuarbeiten, sondern das Kind als Ganzes zu betrachten.

Zunächst gibt es drei Grundformen der Beobachtung:

- **Naives Beobachten:** Situationen werden erfasst, intuitiv und subjektiv verinnerlicht und beurteilt (der erste Eindruck), unüberlegte Beobachtung.

„Die Dynamik einer Kindergruppe verlangt von pädagogischen Fachleuten, wach und aufmerksam zu sein. Diese Fähigkeit haben viele Profis verinnerlicht. In Diskussionen ist oft die Rede vom ‚Gefühl für Ereignisse' oder davon, dass wir einzelne Kinder ‚ganz gut kennen'.

In diesem Sinne entsteht auch der bekannte ‚erste Eindruck', auf den wir im pädagogischen Alltag oft aufbauen können und müssen, da häufig rasche Handlungen notwendig werden. In Konfliktsituationen gilt es zum Beispiel, immer erst zu deeskalieren. Ist die Situation beruhigt, können wir im zweiten Schritt reflektierter handeln und konstruktive Lösungswege einleiten."
(Dennig, 2007, S. 19)

Beispiel
Die Erzieherin betritt den Gruppenraum und lässt den Blick einmal quer durch das Zimmer schweifen. Sie erfasst sofort mehrere Situationen. In der Puppenecke spielen zwei Jungen recht heftig mit den Puppen – ja, sie kämpfen eher, als zu spielen. Am Maltisch sitzen vier Mädchen, die Köpfe über das Papier gebeugt, und zeichnen mit Buntstiften. Zwei Kinder laufen durch den Raum. Ein paar Kinder spielen am Bauteppich mit Autos, und in der Kuschelecke sitzt die Kinderpflegerin mit drei Kindern, ein Buch ansehend.

Die Erzieherin geht „automatisch" zu den beiden Jungen in der Puppenecke, um diese anzusprechen.

Warum? Alle anderen Kinder haben sich den Regeln und Vorstellungen der Erzieherin entsprechend verhalten. Die zwei Jungen werden von ihr als „zu wild" betrachtet. Sie greift ein.

Die Folge: Aus der einfachen Rangelei mit den Puppen hätte auch blinde Zerstörung werden können – so offensichtlich das Gefühl der Erzieherin. Vielleicht aber haben die beiden nur einen Streit nachgespielt und versucht, ihre Gefühle in die Puppen zu transponieren, um sie herauszulassen. Das hätte die Erzieherin erfahren können, wenn sie noch einen Moment länger beobachtet oder aber vor dem Eingreifen die Kinderpflegerin gefragt hätte, wie diese die Situation einschätzt.

- **Gelegenheitsbeobachtung:** Beobachtung in typischen Situationen.

„Pädagoginnen und Pädagogen nehmen das kindliche Verhalten in typischen Alltagssituationen wahr. Das führt zu Gelegenheitsbeobachtungen. Wissenschaftlich betrachtet sind mit dieser Beobachtungsform problematische Tendenzen verbunden, beispielsweise die Tendenz, störendes Verhalten schneller wahrzunehmen als zurückhaltendes Auftreten. Wer nicht aufpasst, neigt dazu, ein Kind gedanklich in eine Schublade zu stecken. Bei manchen Kindern könnten wir sogar positive Verhaltensanteile „übersehen" oder (und) unsere Beobachtungen generalisieren. Generalisieren bedeutet, dass das gelegentlich wahrgenommene Verhalten eines Kindes als grundsätzliches Verhaltensmuster fehlinterpretiert wird." (Dennig, 2007, S. 20)

Beispiel

Die Gruppe geht in den Ruheraum. Die Erzieherin will mit den Kindern eine kleine Fantasiereise machen. Alle legen sich ruhig hin, nur Sebastian nicht. Er zappelt herum und zupft immer wieder seinen Freund am Ärmel, damit dieser zu ihm schaut. Nach mehreren Ermahnungen fordert die Erzieherin Sebastian auf, sich neben sie zu legen. Hier ist er bald ruhiger. Nach einer Weile des Zuhörens schläft er sogar ein.

Nach der Übung fragt eine Kollegin, wie es geklappt hat. Die Erzieherin antwortet: Eigentlich gut, aber Sebastian hat wieder einmal keine Ruhe gegeben.

Fazit: Die Erzieherin hat vermutlich schon vorher vermutet, dass Sebastian stören wird. Ihr Urteil über das Kind lautet: ein Störenfried. Dass der Junge vielleicht nur unsicher ist und sich geniert, vor den anderen seinen Empfindungen nachzugeben, oder aus irgendeinem anderen Grund unbedingt Aufmerksamkeit sucht, kann die Erzieherin jetzt nicht sehen – sie stützt sich auf ihre Beobachtung.

- **Systematisches Beobachten:** Strukturiertes und möglichst objektives Beobachten nach einem einheitlichen System.

„Ein Bestandteil dieses strukturierten Beobachtens und Dokumentierens ist, dass tatsächliches Handeln und Verhalten beobachtet oder „erhoben" wird. Deshalb sollten Beobachterinnen und Beobachter ihre Aufmerksamkeit mit einer Kriterienliste auf ganz bestimmte Inhalte richten. Denn: ***Je genauer vorab definiert ist, was beobachtet und eingeschätzt werden soll, umso präziser sind der Beobachtungsprozess und die anschließenden Beobachtungsergebnisse."*** *(Dennig, 2007, S. 21)*

Beispiel

Die Erzieherin hat sich vorgenommen, Leon beim Turnen, Tanzen und Toben zu beobachten. Sie möchte herausfinden, wie weit seine Motorik entwickelt ist. Konkret geht es ihr darum, ob er eine altersentsprechende Koordination seines Körpers entwickelt hat. Sie macht sich also in den folgenden vier Wochen Notizen, wenn sie Leon beobachtet. Im Anschluss wertet sie aus: Sie kommt zu dem Ergebnis, dass seine Motorik sehr gut entwickelt ist und er sich altersentsprechend bewegen kann. Sein Gleichgewichtssinn ist ausgeprägt, und er kann schnell laufen. Hin und wieder schafft er es nicht, schnell um eine Ecke zu laufen oder „einen Haken zu schlagen".

Folge: Die Erzieherin nimmt sich vor, genau diese Bewegungen gezielt zu beobachten, indem sie solche Situationen hervorruft. Wenn sie feststellt, dass Leon tatsächlich noch Übung darin benötigt, wird sie ihn darin unterstützen.

Dieses zielgerichtete Beobachten entspricht am ehesten der Arbeit mit Portfolios. Denn auch hier werden möglichst genau Ziele vorab festgelegt und deren Umsetzung angestrebt. Der Weg dahin sowie das Ergebnis werden schließlich dokumentiert.

Die eigene Beobachtungsform entwickeln

Für jede Einrichtung empfiehlt es sich, eine eigene Beobachtungsform zu entwickeln, die den pädagogischen Arbeiten des Kindergartens und den persönlichen, organisatorischen sowie den zeitlichen Vorraussetzungen des Teams am besten entspricht.

Als Orientierungshilfe und zum ersten Ausprobieren, welcher Aufbau von Beobachtungsbögen ideal ist, können verschiedene bereits entwickelte Verfahren in Anspruch genommen werden, wie zum Beispiel:

Name der Beobachtungsform	Titel-Thematik-Ziel	Verfahren	Zeitraum
Sismik (Michaela Ulrich/ Toni Mayr, Staatsinstitut für Frühpädagogik)	Sprachverhalten und Interesse an Sprache bei Migrantenkindern in Kindertagesstätten	Systematische Begleitung der Sprachentwicklung von Migrantenkindern	Ein- bis dreimal jährlich über die gesamte Kindergartenzeit hinweg
Seldak (Ulrich/Mayr)	Sprachentwicklung und Literacy bei deutschsprachig aufwachsenden Kindern	Beobachtungsbogen für die systematische Begleitung der Sprachentwicklung von Kindern	Ein- bis dreimal über die gesamte Kindergartenzeit hinweg
Perik (Ulrich/Mayr)	Positive Entwicklung und Resilienz im Kindergartenalltag	Beobachtung der sozial-emotionalen Entwicklung	Ein- bis dreimal über die gesamte Kindergartenzeit hinweg
Salzburger Beobachtungskonzept SBK (Paschon/Zeilinger, 2002)	Ganzheitliche Förderung im Kindergarten	Beobachtung und Einschätzung in verschiedenen Bereichen, Kind als Persönlichkeit im sozialen Umfeld	Dreimal jährlich Screening
Leuwener Engagiertheitsskala	Förderung kindlichen Engagements	Individuelle Interessen, Lernprozesse und Engagement werden beobachtet	Halbjährliche Gelegenheitsbeobachtungen
Beobachtungskonzept nach Beller und Beller	Entwicklungsbeobachtung	Entwicklung von Kindern in Bezug auf Körperpflege, Umgebungsbewusstsein, soziale und emotionale Entwicklung, Spieltätigkeit, Sprache, kognitive Fähigkeiten, Grob- und Feinmotorik	Zwei Wochen lang, etwa jährlich wiederholt

Die Erzieherin beeinflusst das Beobachten durch ihre Persönlichkeit.

Nicht jede Erzieherin kann jede Beobachtungsform gleichermaßen gut ausführen. Es spielen oft persönliche Hintergründe eine Rolle, welche Sicht sie vom Kind hat, welche Werte ihr wichtig sind usw. Um herauszufinden, wie die Beobachtungen durchgeführt werden sollen, können verschiedene Bücher mit Vorlagen zu Rate gezogen (siehe Literaturliste) oder aber Fortbildungen zu verschiedenen Beobachtungsformen besucht werden. Beim „Salzburger Beobachtungskonzept" zum Beispiel ist dies unbedingt nötig, da es sehr umfassend und spezifisch ist und die Handhabung und Auswertung ohne Anleitung eventuell nicht effizient verlaufen würde (Kurse werden in Deutschland und Österreich angeboten). Es empfiehlt sich demnach, für die Phase der Entwicklung und Einführung einer einheitlichen Beobachtungsform eine längere Zeit einzuplanen – bevor es mit der eigentlichen Portfolioarbeit losgehen kann. Und wie so oft lässt sich theoretisch nicht erfahren, welche Beobachtungsformen in der Praxis am besten funktionieren. Erst durch Ausprobieren wird das Team seine eigene Form finden.

Gezielte Beobachtungsphasen

Nicht nur für die Arbeit mit dem Portfolio ist es schließlich wichtig, Auswertungen der Beobachtungen in eine übersichtliche Form zu bringen. Es sollte also einheitliche Bögen geben, die einfach auszufüllen sind und Platz für Kommentare bieten. Am besten entwerfen die Teammitglieder ihren eigenen Auswertungsbogen anhand ihrer Beobachtungsfragen und -ziele. Nach der Auswertung muss die jeweils zuständige „Portfolio-Erzieherin“ festlegen, welche Bereiche sie in Zukunft noch intensiver beobachten will. Das heißt, sie setzt sich Ziele (siehe auch 2.5 „Pädagogische Zielsetzung“) für die Beobachtung von bestimmten Entwicklungsschritten, die ihr in der vergangenen Beobachtungsphase noch nicht deutlich erschienen sind oder die sich eventuell wieder verändert haben könnten. So kann sie anhand eines übersichtlichen Bogens, der auch im Portfolio abgeheftet wird, jederzeit in Erinnerung rufen, worauf sie bei dem Kind besonders achten möchte.

Konkrete, zielgerichtete Beobachtung ermöglicht konkrete Ergebnisse.

Beispiel
Vanessa (fast fünf Jahre) malt sehr viel und gerne. Der Erzieherin ist aufgefallen, dass sie selten mit den dünnen Buntstiften zeichnet und auch so gut wie nie zur Schere greift, um etwas auszuschneiden. Für die folgende Beobachtungsphase (etwa die kommenden drei Monate) notiert sie sich auf ihrem Bogen:

- *Mit welchen Stiften malt Vanessa häufig?*
- *Kann sie die Schere benutzen?*
- *Wie hält sie den Stift?*
- *Mit welcher Hand hält sie den Stift?*
- *Benötigt sie evtl. Unterstützung bei der Stift- bzw. Scherenhaltung?*

Die Erzieherin hat konkrete Fragen formuliert. Sie möchte aber noch genauer nachforschen, ob mit Vanessas Handhaltung alles in Ordnung ist. Daher überlegt sie sich eine Übung, die ihr ermöglicht, die Fingerfertigkeit des Kindes noch besser zu beobachten. Sie möchte mit Vanessa ein Bild aus Bügelperlen herstellen. Um das Kind nicht in den Vordergrund zu stellen und die Aufmerksamkeit möglichst nicht auf ihre Beobachtung zu lenken, überlegt sie, allen Kindern in Kleingruppen diese Bastelarbeit anzubieten. Sie sieht darin eine Möglichkeit, auch die Feinmotorik der anderen Kinder genauer zu beobachten.

Beispiel
Vanessa freut sich über das Bastelangebot und sucht sich begeistert eine Herzform heraus, die sie mit Perlen füllen will. Sie greift in die Kiste und holt sich mit der Hand ein paar Perlen heraus, die sie in eine kleine Schüssel vor sich auf dem Tisch schüttet. Nun muss sie die Perlen einzeln herausnehmen. Sie bemüht sich, mit Zeigefinger und Daumen der rechten Hand eine Perle zu greifen. Als es nicht gelingt, versucht sie es mit Zeige-, Mittelfinger und Daumen. Es gelingt. Sie setzt die Perle auf das Herz. Die nächste Perle will einfach nicht aus der Schüssel heraus. Vanessa versucht es jetzt mit den Fingern der linken Hand. Hier gelingt es ihr endlich mit Zeigefinger und Daumen, eine Perle zu erfassen. Doch beim Ablegen auf dem Herz fällt sie daneben.

Die Erzieherin bemerkt die Mühe des Kindes. Nach ein paar weiteren, oft misslungenen Versuchen, bietet sie Vanessa einen dünnen Schaschlikspieß an, um damit die Perlen aufzupieksen. Vanessa greift ihn sofort mit der linken Hand und schiebt eine Perle auf. Mit der rechten hält sie die Perle fest und setzt sie so auf das Herz.

Die Erzieherin macht einen weiteren Versuch und gibt nach einer Weile Vanessa eine große Pinzette. Sie greift sie wieder mit der linken Hand und kann nach etwas Hilfestellung damit eine Perle erfassen. Schon bald ist mit den verschiedenen Greifmöglichkeiten das Herzbild voller Perlen.

Die Erzieherin fragt sich nun, warum Vanessa zunächst immer mit rechts gegriffen hat, nun aber eher mit links arbeitet, und das auch viel sicherer. Da die Zeit zum Basteln dem Ende zu geht, bereitet sie ein Namensschildchen vor. Auf den Aufkleber soll Vanessa ihren Namen schreiben. Die Erzieherin legt einen Stift vor das Kind auf den Tisch und erklärt ihr die Aufgabe. Vanessa greift den Stift mit der linken Hand, setzt zum Schreiben an und nimmt ihn dann in die rechte. Zögerlich und mit unsicherem Griff malt sie ihre Buchstaben.

Die Erzieherin fasst einen Entschluss; nachdem das Kind fertig geschrieben hat, fragt sie es direkt: „Warum schreibst du mit deiner rechten Hand?"

Vanessa schaut die Erzieherin etwas verwirrt an, wirkt verwundert über diese „dumme" Frage. „Weil das doch die Schreibhand ist!", erwidert sie. Die Erzieherin fragt: „Warum ist das die Schreibhand? Wie kommst du darauf?" Vanessa antwortet: „Meine Mama hat gesagt, ich soll mit der rechten Hand schreiben. Und die Omi schreibt ja auch mit der rechten Hand. Und du ja auch!"

Die Erzieherin ist nun fast erleichtert, über diese einfache Lösung des Problems. Denn sie befürchtete schon, Vanessa hätte ein körperliches Problem, das es ihr so schwer machte, die Feinmotorik ihrer Hand zu nutzen. Nachdem sie dem Kind erklärt hat, es dürfe natürlich mit der Hand schreiben, mit der es am besten funktioniere, beschließt sie, gleich beim Abholen mit der Mutter zu sprechen. Sie ruft sie sogar an, um sie zu bitten, sich etwas Zeit für ein kurzes Gespräch zu nehmen.

Das Kind bemüht sich, sein Ziel zu erreichen.

Soziogramm

Soziale Systeme geben Aufschluss über Verhaltensmuster des Kindes

Zur Beobachtung des einzelnen Kindes gehört auch, herauszufinden, in welchem sozialen Umfeld es sich aufhält, welche Freunde es hat, wer seine engsten Bezugspersonen innerhalb der Kindergruppe sind. Dazu ist es hilfreich, in regelmäßigen Abständen ein Soziogramm durchzuführen. Mithilfe der grafischen Darstellung wird die Beziehungsstruktur des Kindes sichtbar gemacht – durch die mehrmaligen Aufzeichnungen können schließlich Gruppenprozesse, bzw. Strukturen offensichtlich werden.

*Ein **Soziogramm** ist die grafische Darstellung der Beziehungen in einer Gruppe, etwa in einer Schulklasse oder in einem Unternehmen. Ausgehend von Daten einer Erhebung werden in der Darstellung Beziehungen beispielsweise durch Pfeile symbolisiert. Ein häufiges Anwendungsgebiet stellt die Analyse der Beziehungen zwischen den Abteilungen und den Individuen in einem Unternehmen dar, um Arbeitsabläufe zu optimieren. (http://de.wikipedia.org/wiki/Soziogramm, 21.09.2008)*

Farbige Pfeile kennzeichnen die Art der Beziehungen: Grün = Zuneigung, Rot = Ablehnung. Pfeile, die auf beiden Seiten eine Spitze haben, bedeuten, dass die Zuneigung oder Ablehnung auf Gegenseitigkeit beruht. Es kann noch eine dritte Farbe für Neutralität eingefügt werden, z. B. Rosa. Die Gefahr ist aber, dass die Erzieherin zu oft Rosa einsetzt, weil sie unsicher ist, wie sie die Beziehung einschätzen soll. Besser ist es, nur die klaren Beziehungen aufzuführen. Die Methode funktioniert in Kleingruppen genauso wie bei großen Gruppen. Wobei natürlich für eine große Gruppe viel Platz vorhanden sein muss und eventuell mit beweglichen Namensschildern und Pfeilen gearbeitet werden muss, um nicht durcheinanderzukommen. Das geht gut an einer Magnetwand oder auch mit Pappschildern und -pfeilen, die mit eingerolltem Klebeband auf eine glatte Unterlage geklebt werden und so wieder ablösbar sind.

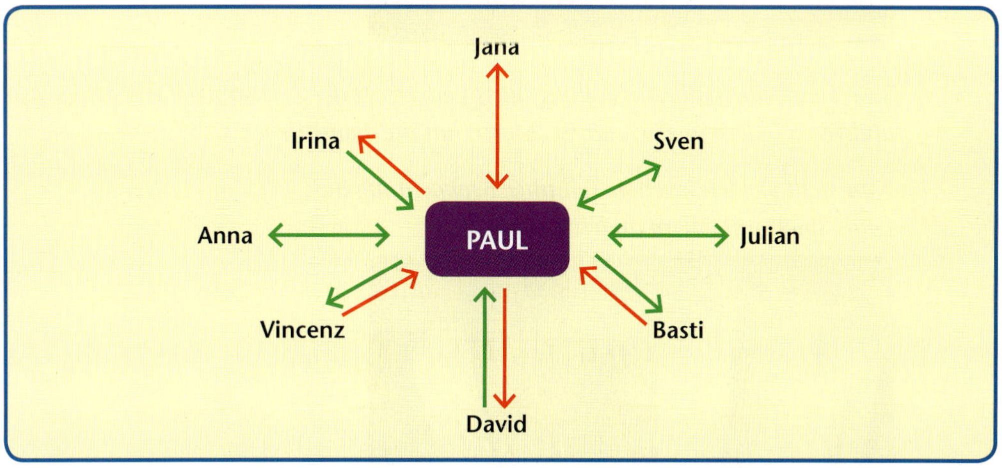

Ein Soziogramm: Das beobachtete Kind heißt Paul. Hier ist er innerhalb seiner Vorschulgruppe dargestellt.

Ein Soziogramm kann auch für die gesamte Gruppe oder eine Teilgruppe, wie zum Beispiel alle Fünfjährigen, angefertigt werden und dient so der Analyse von Rollenverhalten und Gruppendynamik. „Wer ist der Star in der Gruppe? Wer ist ein Außenseiter?“, sind nur zwei wichtige Fragen von vielen, die mit einem Soziogramm eventuell leichter beantwortet werden können.

Systembrett

Das Systembrett findet in vielen Bereichen seine Anwendung.

Eine weitere interessante Möglichkeit, Gruppenstrukturen zu erfassen und sichtbar zu machen, ist das Systembrett. Es wird insbesondere in der Psychotherapie, systemischen Familientherapie und im Team-Coaching angewendet. Selbst Schriftsteller nutzen es als „Geschichtenbrett" zum besseren Verständnis ihrer Figuren und deren Beziehungen zueinander. Die Idee ist ganz einfach: Auf einem Holzbrett werden einfache Holzfiguren aufgestellt und damit reale Menschen und deren Beziehungen zueinander symbolisiert. Durch die ungewohnte „Vogelperspektive" sehen die Betrachter die Situation in einem anderen Licht und können so Strukturen leichter erkennen. Es ist ein sehr praktisches Verfahren, das nur funktioniert, wenn sich die Anwender auch darauf einlassen, ihren Standpunkt zu verlassen um neue Sichtweisen zu erhalten. Interessant ist es, wenn ein Team die eigenen Strukturen damit näher kennenlernt, Beziehungen untereinander aufdröselt und schließlich auch die Gruppenstrukturen der Kinder in der Einrichtung mit dem Systembrett hinterfragt.

Beispiel
„Marco ist immer mit Louis zusammen. Wenn aber Louis mit jemand anderem spielen will, lässt er ihn nicht, wird aggressiv."
Zunächst stellt die Erzieherin die erste Situation auf das Brett:
Marco spielt mit Louis.

Sie erkennt durch die Aufstellung, dass Louis trotz der Zweisamkeit mit Marco den anderen Kindern zugewandt ist. Marco hat nur Louis neben sich.

Nun stellt sie den zweiten Teil ihrer Beobachtung auf:
Louis spielt mit einem anderen Kind.

Die Erzieherin kann sofort sehen, dass Marco nun allein dasteht.

Sie wird dieselbe Situation noch aus anderer Perspektive betrachten. Wie sieht es aus Sicht von Louis aus und wie aus Sicht der Restgruppe? Diese Fragen sind aufschlussreich, erkennt doch dadurch die Erzieherin, warum sich die anderen Kinder Marco gegenüber auf eine bestimmte Art verhalten.

Nun kommt für sie und das Team die Phase des Überlegens, der Interpretation und der noch genaueren Beobachtung, um Marco in Zukunft besser in die Gruppe zu integrieren.

Das Systembrett ist eine hervorragende Möglichkeit, Probleme sichtbar zu machen. Das gilt auch für das Team und Beziehungen zwischen Kindern und Pädagoginnen. Vor übereifrigen Interpretationen sollte an dieser Stelle gewarnt werden. Das Systembrett kann auch ohne spezielle Schulung eine Hilfestellung für die Erzieherin sein, Gruppenstrukturen besser einzuschätzen. Es darf aber nicht überbewertet werden. Vielleicht könnte man es als Anreiz, mehr über die Gruppenprozesse nachzudenken, sehen.

Ein Perspektivwechsel schafft neue Einblicke.

2.10 Finanzierung

„Portfolioarbeit kostet Zeit und Geld", so die klare Aussage einer Erzieherin auf die Frage, welche Bedingungen Portfolioarbeit in einem Kindergarten mit sich bringt. Zeit lässt sich schaffen (wie in Kapitel 2.3 „Zeitmanagement und Organisation (Teamarbeit, Zeitpläne)", Seite 18 ff., erwähnt), wenn alle, einschließlich des Trägers, an einem Strang ziehen. Aber das Geld? Vieles können kreative Pädagoginnen selber leisten, mit den Kindern oder alleine herstellen und improvisieren. Professionelle und dadurch einfachere und vermutlich auch auf Dauer erfolgreichere Portfolioarbeit benötigt aber ausreichend finanzielle Mittel.

Was muss angeschafft werden (siehe auch Kapitel 6.1 „Technische Hilfsmittel")?

Portfolios müssen nicht teuer sein. Ein ausreichendes Budget erleichtert jedoch die Arbeit.

- Ordner, Mappen oder Kisten
- Papier
- Fotopapier
- Kleber
- Klebeband
- Locher, möglichst mit einer Schiene, um das Papier nicht knicken zu müssen, wenn die Mitte gesucht wird
- Tacker
- Stifte
- Klarsichthüllen
- Digitalkameras (für jede Gruppe mindestens eine)
- Computer
- Drucker (möglichst gut zum Drucken von Fotos geeignet, mit Scannerfunktion)
- Kopierer (eventuell beim Drucker integriert – dabei wird aber die einzelne Kopie etwas teurer)
- evtl. ein Diktiergerät oder anderes gutes Aufnahmegerät

Der Träger muss ins Bild gesetzt werden, was Portfolioarbeit für die Kindertagesstätte bedeutet. Die Dokumentation von Bildung und Erziehung, von Entwicklungs- und Lernschritten der Kinder hat letztendlich zur Folge, dass über die Eltern auch ein neues, besseres Bild nach außen getragen wird. Dieses positive Bild fällt dann auch auf den Träger zurück.

Kann oder will der Träger die Kosten nicht tragen, gibt es immer noch andere Wege, die Finanzierung zu ermöglichen. Erzieherinnen können ganz seriös mit der Bitte an die Eltern herantreten, ob jemand eine Spende machen will, aber auch an Firmen im Stadtteil oder Dorf. Oft sind Gewerbebetriebe froh, eine „soziale Tat" verbuchen zu können. Und für eine größere Firma ist eine Digitalkamera für 150 Euro meist nur ein Klacks.

Wenn dann immer noch nicht genug Geld da ist, muss der altbewährte Basar mit Kuchenverkauf helfen oder ein Flohmarkt, eine Versteigerung oder ein Kinderfest.

3 Wie können Portfolios aussehen?

3 Wie können Portfolios aussehen?

3.1 Formen und Möglichkeiten (Ordner, Kisten und Co.)

Ordner mit praktischen Mechaniken eignen sich auch für ungeübte Kinderhände.

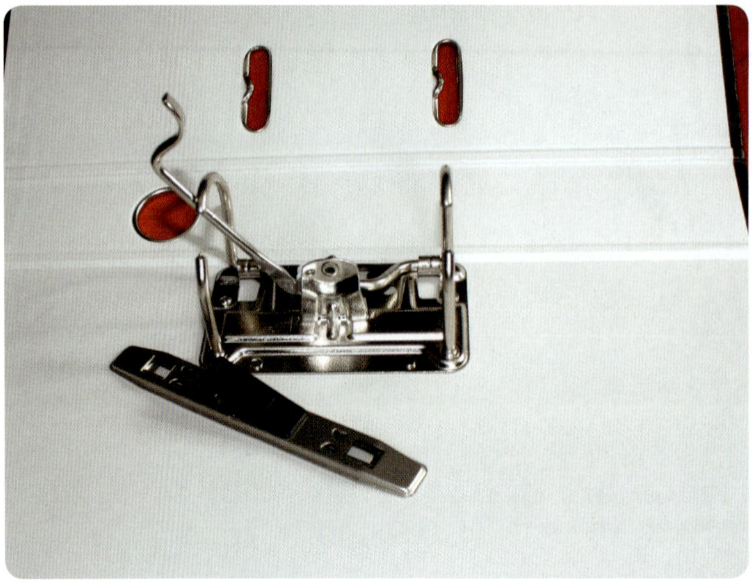

Am übersichtlichsten ist ein Ordner. Diese Mechanik können auch kleinere Kinder gut bedienen.

- Die einfachste, klarste und verbreitetste Form ist der **Ordner.** Am besten mit einer einfach zu bedienenden Mechanik, damit auch kleinere oder motorisch nicht sehr entwickelte Kinder verletzungsfrei selbstständig am Portfolio arbeiten oder es anschauen können. Die Beiträge werden auf Papier geklebt und geschrieben. Manche Kita benutzt für jede Seite eine Folie, laminiert sogar manche Seiten. Aus ökologischen Gründen ist das allerdings keine sinnvolle Lösung. Besser sollten die Kinder lernen, mit sauberen Händen im Portfolio zu blättern, und wissen, dass Druckertinte (für Fotos und Kopien) meist nicht wasserfest ist – also auch von feuchten Fingern verwischen kann.

- Eine **Mappe** mit mehreren Fächern, bzw. Heftsystemen eignet sich besonders, wenn das Portfolio nur ein Jahr, zum Beispiel im Vorschuljahr, geführt werden soll. Der Nachteil: Ohne Heftung fliegen die Blätter lose herum und geraten durcheinander oder gehen im schlimmsten Fall verloren.

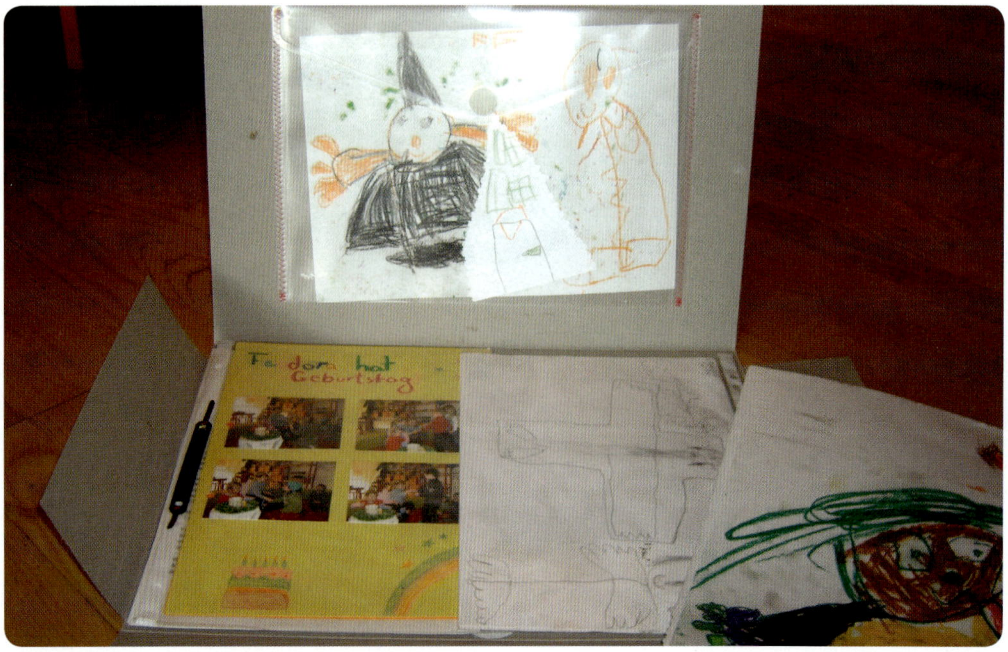

Hier werden die Blätter mit Heftklammern wie bei Schnellheftern eingeordnet, sodass sie nicht herumfliegen können.

- **Fotoalben und Scrapbooks** eigenen sich nur bedingt. Die Bücher sind schön anzusehen und stabil. Einträge müssen direkt ins Buch gemacht werden, oder die bearbeiteten Blätter werden eingeklebt. Fotoalben mit Folie und haftenden Seiten haben den Vorteil, dass die Kinder ihre Einträge einfach hineinlegen können und diese so automatisch geschützt sind. Leider sehen diese Bücher schnell unansehnlich aus. Außerdem bieten alle diese Bücher nur eine begrenzte Zahl an Seiten, sodass die Einträge auf eine bestimmte Zahl reduziert werden müssen.
- **Kisten** und **Kästen** können wie Karteikästen mit Einschüben gegliedert sein oder mit festen Fächern unterteilt. Solche Kästen lassen sich einfach aus Kartons herstellen, die mit Papier und Kleister beklebt werden. Der Nachteil: Entweder die Einträge werden übereinandergestapelt, was unübersichtlich ist, oder die Kiste muss eine entsprechende Größe haben, damit die Seiten stehend geordnet werden können. Das nimmt in einem Kindergarten aber viel Platz weg. Die Seiten könnten auch schnell knicken.
- **E-Portfolios** (Portfolios am Computer) sind nicht ganz so flexibel. Die Kinder können meist noch nicht selbst den Computer bedienen und benötigen daher jeweils Hilfe von Erwachsenen. Auch die Gestaltung ist für Kinder und viele Erzieherinnen sowie Eltern noch eine Hürde, da sie meist der benötigten Computerprogramme noch nicht mächtig sind. Wenn aber eine ausreichende Ausstattung (Scanner, Drucker, Digitalkamera, Software usw.) vorhanden ist und jemand in der Einrichtung sich gut damit zurechtfindet, ist das E-Portfolio eine interessante, zeitgerechte Methode.

Wer moderne Technik nicht scheut, wird im E-Portfolio viele Vorteile finden.

Um den Kindern und Eltern das E-Portfolio in die Hand zu geben, empfiehlt es sich, für jedes Kind einen USB-Stick oder eine SD-Card anzuschaffen, die mindestens ein GB Speicherplatz besitzt. Fotos und gescannte Bilder benötigen viel Platz, sodass eine einfache CD-ROM bald nicht mehr reicht. Auch können CDs normalerweise nicht überschrieben werden, was zur Folge hat, dass das Portfolio bald aus mehreren CDs bestehen würde. Das ist nicht nur umweltschädlich, sondern auch unübersichtlich.

Waldbesuch mit dem Kindergarten

Wir waren eine ganze Woche mit der Spatzengruppe im Wald. Am besten hat mir da gefallen, dass ich überall raufklettern durfte. Das kann ich nämlich so gut. Wir haben auch einen Jägerstand entdeckt, der war sehr hoch. Ich hab mich getraut, rauf zu klettern.

Ich habe auch viele Tiere gesehen. Ameisen und Bienen und Wanzen und Asseln und auch Pilze und Schnecken und Käfer. Manche Kinder finden so welche Tiere eklig. Ich find sie toll. Ich hab sie auch mit meiner Lupe angeschaut und gesehen, wie viele kleine Füße sie haben und wie sie krabbeln. Ich habe einen Frosch gemalt.

Mithilfe moderner Programme bietet ein E-Portfolio interessante Gestaltungsmöglichkeiten.

3.2 Sammelmappen, Schatzkisten und vieles mehr

Die Sammelmappen und -kisten sind Voraussetzung und Ergänzung des Portfolios.

- Im Gegensatz zum zielgerichteten Portfolio werden in **Sammelmappen** die Werke der Kinder nicht ausgewertet und dokumentiert. Das heißt, diese Schatzkisten der Kinderwerke sind höchstens eine Vorstufe des Portfolios und eignen sich daher als Sammelort für Kunstwerke und ausgefüllte Blätter, die später eingeordnet werden sollen. Was übrig bleibt, wird in einer Bildermappe aufgehoben oder bei einer Ausstellung im Kindergarten aufgehängt. Manche Werke können auch verschenkt werden oder sie dienen als Schmuckpapier für Bastelarbeiten, Geschenkpapier oder als Schnipsel für Collagen. Der Rest muss letztendlich im Papierkorb landen.

Hier können einzelne Blätter für jedes Kind übersichtlich gesammelt werden.

- Als **Sammelortkisten** eignen sich persönlich gestaltete Schuhkartons oder auch Einschubfächer, wie sie in Büros verwendet werden. Diese lassen sich sehr gut stapeln und bieten nur begrenzten Platz für die Werke der Kinder. Das hat den Vorteil, dass tatsächlich nach einer Woche aussortiert und ins Portfolio eingeordnet wird. Auch Schuhkartons können gut gestapelt werden. Wenn sie aufgeschnitten und mit einer Lasche beklebt sind, lassen sie sich sogar von vorne öffnen und schließen, ohne die ganze Schachtel aus dem Stapel nehmen zu müssen, wenn ein Blatt hineingelegt werden soll. Zum Ausleeren kann die Kiste dann oben geöffnet werden.

- Wie in den altmodischen und immer noch beliebten Setzkästen sammeln Kinder immer noch gerne besondere Fundstücke, Entdeckungen und kleine Geschenke oder Kunstwerke und ordnen sie in dafür bestimmte **„Schatzkisten“**. Dazu kann eine einfache Schuhschachtel ausreichen. Schöner und übersichtlicher sind Kisten und Kästen mit verschieden großen Fächern. Solche können auch selbst gemacht werden. So entstehen für jedes Kind individuelle Aufbewahrungsorte, deren Größe an den Platz im Kindergarten angepasst ist, zum Beispiel die „Eigentumsschubladen“ der Kinder.

Hier können die Schätze der Kinder gut aufbewahrt werden.

3.3 Portfolios, gegliedert nach Bildungszielen

Die gesammelten Beiträge der Kinder, Eltern oder Erzieherinnen müssen nun im Ordner abgeheftet werden. Dafür kann es verschiedenste Ordnungssysteme geben, die auf Register aufgeschrieben werden.

Wenn Portfoliomappen nach Bildungszielen gegliedert werden, setzt das voraus, dass die Erzieherinnen auch nach dem Bildungsplan arbeiten und dessen Ziele als die ihren anerkennen. Wie diese Ziele erreicht werden, also die Umsetzung der Förderung und Entwicklung, kann schließlich im Portfolio festgehalten werden. Nachteile dieser Untergliederung sind, dass es recht viele Register gibt und die Kinder die Überschriften oft gar nicht verstehen. Für sie sind Begriffe wie „Basiskompetenzen“ und „musische Kräfte“ sehr abstrakt. Die Erzieherinnen könnten dafür aber andere Bezeichnungen (er)finden, um die Begrifflichkeit zu verdeutlichen. Aus Basiskompetenzen würde zum Beispiel „Ich und wir“.

Die Bildungspläne geben konkrete Lernziele und Kompetenzen vor, die sich als Gliederungspunkte für Portfolios eignen.

Die Bildungsziele nach AVBayKiBig § 2 ff.:

1. Basiskompetenzen – **Ich und wir**
   - Werte
   - personale, motivationale, kognitive, physische und soziale Kompetenzen
   - Lernen lernen
   - Entwicklung von Widerstandsfähigkeit
   - musische Kräfte
   - Kreativität

2. Ethische, religiöse Bildung und Erziehung, Emotionalität und soziale Beziehungen, Konfliktfähigkeit – **Miteinander**
3. Sprachliche Bildung und Förderung – **Sprache**
4. Mathematische Bildung – **Allerlei Zahlen**
5. Naturwissenschaftliche und technische Bildung – **Forschen und Bauen**
6. Umweltbildung und -erziehung – **Pflanzen und Tiere**
7. Informationstechnische Bildung, Medienbildung und -erziehung – **Computer, Bücher und Fernsehen**
8. Ästhetische, bildnerische und kulturelle Bildung und Erziehung – **Kinderkunst**
9. Musikalische Bildung und Erziehung – **Musik**
10. Bewegungserziehung und -förderung, Sport – **Turnen, Laufen und Spielen**
11. Gesundheitserziehung – **Ich bin gesund**

Um den Kindern die einzelnen Seiten auch ohne Text zu verdeutlichen, können kleine Symbole (siehe Kopiervorlage 11.9, Seite 145) auf die Kopiervorlagen geklebt werden. Gibt es davon einen Vorrat in der Portfolioecke, können die Kinder auf selbst gestaltete Blätter, wie zum Beispiel ein Bild, das sie gemalt haben, ein Symbol kleben. So haben sie gleich einen Hinweis, in welchen Bereich sie ihr Werk einordnen wollen. Allerdings ist das schon eine sehr schwere Aufgabe, die frühestens für Vorschulkinder möglich ist, da sie allmählich beginnen, solche thematischen Zusammenhänge zu begreifen.

3.4 Portfolios, ausschließlich von der Erzieherin geführt

Am wenigsten zeitlichen und organisatorischen Aufwand benötigt das Portfolio, das nur die Erzieherin führt. Hier ist sie die treibende Kraft bei der Auswahl und auch bei der Struktur und Menge der Einträge. Nicht das Kind dokumentiert also selbst seine Entwicklung, seine Lernwege und sein neu erworbenes Wissen, sondern die Erzieherin. Neben der Zeitersparnis, weil die Vorbereitung und die Durchführung mit Kindern und Eltern wegfallen, hat diese Form des Portfolios den Vorteil, dass sich die Erzieherin zunächst an die Portfolioarbeit herantasten kann, bevor sie das einzelne Kind involviert.

Allerdings ist es fraglich, ob solch eine „Beobachtungsmappe“ überhaupt im Sinne der Kinder ist. Denn die Portfoliomethode ist aus dem Wunsch heraus entstanden, Kindern selbst eine Möglichkeit zu geben, ihr Lernen zu erkennen und zu reflektieren. Hier werden sie aber nur zu Konsumenten. Auch die Eltern können nur passiv beteiligt werden, wenn die Erzieherin überhaupt den Einblick gewährt und das Portfolio nicht nur intern in der Einrichtung Verwendung findet. Ein Portfolio sollte keine Akte über das Kind werden, sondern eine Entwicklung aufzeigen, möglichst aus den Augen des Kindes. Diese Art Portfolio ist also mit großer Vorsicht zu genießen und höchstens als erster „Gehversuch“ in Sachen Portfoliomethode zu empfehlen. Kritisch ist auch die Einseitigkeit zu sehen, die durch den subjektiven Blick der Erzieherin entstehen kann. Das reine Erzieherinnen-Portfolio ist demnach abhängig vom Wohlwollen und der Professionalität der Verfasserin.

3.5 Portfolios mit Kind-Erzieher-Eltern-Bereich

Die wohl am häufigsten verwendete Form des Portfolios ist die mit je einem Bereich für das Kind, die Erzieherinnen und die Eltern. Das Kind ist noch am ungeübtesten bei der Handhabung von Papier und Mappe. Daher sollte dieser Bereich unbedingt am Anfang, also obenauf im Ordner sein. So muss das Kind auch nicht lange suchen, um eigene Einträge zu betrachten. Anschließend kann ein Bereich für die Eltern und zuletzt der Bereich der Erzieherinnen folgen.

Wenn Eltern, Kind und Pädagoginnen gemeinsam am Portfolio arbeiten, ergibt sich ein umfassendes Bild.

Diese Portfoliomappen sind von einer geschickten Erzieherin selbst mit angenähten Taschen für den Kinderbereich versehen worden. Eltern und Erzieherinnen heften ihre Beiträge rechts und links ab. Die Einträge folgen chronologisch aufeinander – es gibt also keine Unterrubriken in den Bereichen.

Wie die Seiten in die jeweiligen Bereiche abzuheften sind, muss festgelegt werden. Das kann für jeden der Bereiche unterschiedlich sein, je nach praktischem Nutzen. Alle drei Rubriken können einfach chronologisch verwendet werden. Mindestens beim Erzieherbereich bietet es sich aber an, eine oder mehrere Teiluntergliederungen zu machen. Das können Kompetenzbereiche des Kindes sein, wie „Motorik“, „Sprache“ usw. Praktisch ist auch eine Gliederung nach der Art der Einträge: „Lerngeschichten“, „Situationen“, „Briefe an dich“ usw.

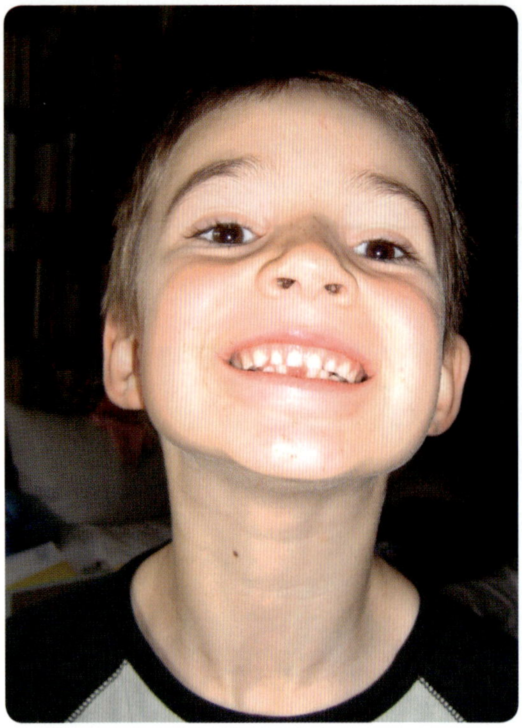

Die erste Zahnlücke: ein wichtiger Schritt in der Entwicklung eines Kindes

Kind

- Ich-Seiten
- Familie
- Lernprozesse, Lerngeschichten
- Ereignisse, Erlebnisse
- Seiten „Für dich“
- Geschichten
- Wörterbuch-Seiten

Kinder sind sehr stolz darauf, wenn ihre Eltern sich am Portfolio beteiligen – zeigt es doch ihr Interesse am Kind.

Eltern

- tagebuchähnliche Einträge
- Ereignisse
- Briefe
- gemeinsame Erlebnisse
- Geschichten über das Kind
- Familienseiten

Erzieherin

- ausgewählte Beobachtungen bzw. Auswertungsbögen
- Eingewöhnungsbericht
- Zielsetzungen
- tagebuchähnliche Einträge
- Lerngeschichten
- Auswertungen aus Fallbesprechungen im Team oder mit Fachkollegen
- Sprachstandsfeststellungen
- Schulreife-Beurteilung

Eine der beliebtesten Seiten bei den Kindern ist die „Für-Dich!"-Seite von den Eltern und Erzieherinnen. Hier schreiben sie auf, was ihnen zu dem Kind einfällt, auffällt, welche Entwicklungen sie bei dem Kind erleben usw. Das kann in Briefform sein oder auch als eine kurze Geschichte aufgeschrieben werden.

Heute war ein sonniger Tag. Carlotta und ihre Mami haben einen Spaziergang zum Wald gemacht. Schon auf dem Weg dahin ist ihnen aufgefallen, wie viele Vögel überall herumflogen. Carlotta hat ganz genau hingesehen und sich vorgenommen, zu Hause im Vogelbuch nachzusehen, welche Vögel es waren. Einige kannte sie schon: Amsel, Spatz und Meise. Im Wald gab es viel zu sehen. Überall an den Bäumen waren Knospen und junge Triebe. Carlotta entdeckte sogar Weidenkätzchen.
Zu Hause suchte Carlotta im Vogelbuch nach den Vögeln, die sie gesehen hatte.
An den grau-braunen Federn mit den Punkten erkannte sie sie: Es waren Stare.
Carlotta und ihre Mutter beschlossen, viel öfter einen Waldspaziergang zu machen, weil es so schön war.

Diese Geschichte
ist für Carlotta
von deiner Mami
Eppersheim, 02. April 2008

Erlebnisgeschichte einer Mutter für ihr Kind

3.6 Portfolios, chronologisch aufgebaut

Die kindgerechteste Einsortiermethode ist das chronologische Abheften sämtlicher Beiträge.

Die zeitliche Ordnung eines Portfolios hat den Vorteil, dass die neuen Blätter einfach obenauf eingeheftet werden. So muss man dabei nicht blättern. Außerdem ist die Entwicklung des Kindes Schritt für Schritt erkennbar. Wie ein Tagebuch bietet diese Systematik einen wirklich lebensnahen Einblick in das Lernleben des Kindes.

Chronologische Einordnung nach Wochen, Monaten oder Jahreszeiten gegliedert – alle Bereiche werden in zeitlicher Folge mit eingeordnet. Also auch:

- Mein erster Tag im Kindergarten
- Ich-Seiten, viertel- oder halbjährlich
- Beobachtungen regelmäßig

Der Nachteil der chronologischen Ordnung ist die Mischung von Kind- und Kindergartenseiten. Das lässt sich vermeiden, wenn die Seiten der Erzieherinnen in einen extra Ordner oder hinter einem extra Register – dort aber wieder chronologisch – angeordnet werden.

3.7 Das reine Eltern-Kind-Portfolio

Ein reines Eltern-Kind-Portfolio dient ausschließlich der persönlichen Reflexion des Kindes und der Einsicht für die Eltern. Erzieherinnen arbeiten begleitend daran mit und können ebenfalls daraus lernen. Beobachtungen und Geschichten über das Kind aus Sicht der Erzieherin fließen aber nicht mit ein. Das hat den Vorteil, dass die Erzieherin ihre Beobachtungen nicht kind- und elterngerecht aufbereiten muss und sich so einiges an Arbeit spart. Allerdings fehlen auch die Seiten aus Sicht der Pädagogin, die vor allem für die Eltern eine große Bereicherung sind. Erhalten sie doch so einen Einblick in die Sicht eines Erwachsenen auf ihr Kind.

Ein reines Eltern-Kind-Portfolio ist wie ein privater Schatz für das Kind und die Familie.

Die Familie ist der wichtigste Lebensort eines Kindes.

4 „Unser“ Portfolio

4 „Unser" Portfolio

4.1 Die Einführung des Portfolios im Team

Jede pädagogische Einrichtung ist einmalig, denn überall arbeiten individuelle Persönlichkeiten mit speziellen Erfahrungen, Ausbildungen und familiärem Hintergrund. Sie bestimmen gemeinsam den Arbeitsalltag, Erziehungsziele und -methoden. Angelehnt an ihr pädagogisches Konzept erarbeitet die Kindertagesstätte ihre Form der Beobachtung und Dokumentation. So auch das Portfolio, das genau auf die Wünsche, Bedürfnisse und Ziele der Einrichtung, ihres Teams und der Kinder zugeschnitten ist.

Portfolioarbeit gestaltet sich in jeder pädagogischen Einrichtung etwas anders.

In den folgenden Kapiteln wird die Einführung der Portfolioarbeit in fünf Schritten dargestellt:

1. der Impuls zur Arbeit mit Portfolios
2. dem Team Portfolioarbeit schmackhaft machen
3. Wo, wann und wie arbeiten wir mit Portfolios?
4. die äußere und innere Form bestimmen
5. Schulung des Teams
6. ein Modellportfolio

4.1.1 1. Schritt: der Impuls zur Arbeit mit Portfolios

Zunächst muss irgendjemand die Idee haben, mit Portfolios arbeiten zu wollen, und das im Kindergarten äußern. Egal, wer dies tut, oft ist es die Leitung, sollte gut überlegen, wie dem Team die Portfolioarbeit „schmackhaft" zu machen ist.

Ein paar Argumente für die Portfolioarbeit helfen, das Team zu begeistern:

- systematischeres Arbeiten
- direktes Feedback der Kinder und Eltern
- Wir arbeiten für das Kind, nicht wegen des Kindes.
- Bildung wird zu „gerne lernen".
- Wir können unseren eigenen Horizont erweitern, neue Erfahrungen machen.
- Das Portfolio unterstützt uns in der Zusammenarbeit mit Eltern und Fachleuten.
- Das Portfolio unterstützt uns in der vorschulischen Bildungs- und Erziehungsarbeit.
- Es hilft den Kindern beim Übergang in die Grundschule.
- Die Kinder lernen Verantwortung zu übernehmen – das kommt auch unserer alltäglichen Arbeit zugute.
- Sozialverhalten wird geschult.
- Vieles, was wir sonst in Einzelschritten vermitteln, ist mit der Portfolioarbeit zusammengeschlossen:
  - Sozialverhalten
  - Ordnung
  - Selbstständigkeit
  - Eigenverantwortung
  - Reflektieren lernen
  - Sich selbst einschätzen
  - Sprache und Sprechen trainieren
  - Feinmotorik schulen (zeichnen, schneiden, kleben, schreiben)
  - Und vieles andere mehr

Hilfreich ist es, gleich ein Beispiel dabeizuhaben. Die portfoliobegeisterte Erzieherin sollte sich also im Vorfeld nach einem Kindergarten erkundigen, der bereits Erfahrung mit Portfolioarbeit hat und bereit ist, etwas Einblick zu gewähren. Praktisches Anschauungsmaterial erleichtert es den Teammitgliedern, sich vorstellen zu können, was ein Portfolio überhaupt ist.

Grundsätzlich ist es sinnvoll für die zukünftige Arbeit mit Portfolios, eine Ansprechpartnerin einzuteilen, die sich besonders intensiv mit der Portfolioarbeit vertraut macht. Geschieht das vor Einführung der Portfolios, wird diese Person also auch den Hauptteil der Teammotivation und -einführung übernehmen.

4.1.2 2. Schritt: dem Team Portfolioarbeit schmackhaft machen

Nachdem sich wahrscheinlich alle Erzieherinnen darüber einig sind, mit Bildungsplänen, speziellen Förderungsangeboten und häufig einer Gruppe mit einigen Kindern unter drei Jahren schon genug ausgelastet zu sein, ist die Motivation, etwas Neues anzufangen, nicht gerade einfach. Hier sollten die Leitungen an den Stärken der Erzieherinnen ansetzen, an deren Zielen bei ihrer Arbeit und ihren Wünschen. Daher könnte zunächst eine Befragung stattfinden (siehe Kopiervorlage 11.4, Seite 140), um herauszufinden, was den Teammitgliedern an ihrer Arbeit gefällt und was nicht. Welche Wünsche haben sie, und was würden sie wie verändern.

140 Kopiervorlage 11.4 ■ Team-Motivation 1

Name Datum

Befragung

1. Was wünschst du dir für die Arbeit mit den Kindern?
2. Wie empfindest du unseren Tagesablauf/den in deiner Gruppe?
3. Hast du zu unserer Themenplanung eine Kritik?
4. Reicht dir die Vor- und Nachbereitungszeit?
5. Wie geht es dir mit unserer Beobachtungsform?
6. Hier kannst du einen Wunsch für den Kindergartenalltag aufschreiben:
7. Fühltst du dich innerhalb des Teams wohl/unwohl? Warum?
8. Wie empfindest du unsere Räumlichkeiten und Ausstattung?

Im besten Fall „brennt" das Team darauf, mit Portfolios zu arbeiten.

Wenn das Team seine Wünsche in Bezug auf die Arbeit äußert, werden Mängel und Lücken schnell deutlich.

Was müssen wir ändern?

Erst wenn sich das Team in der Tagesstätte respektiert fühlt, wird Portfolioarbeit möglich.

Nach Auswertung des Bogens wird klar, welche Bereiche in der Kita dringend eine Veränderung bedürfen. Wo fühlen sich die Erzieherinnen überlastet? Was würden sie gerne anders machen? Deutlich wird zumeist, dass sich die Erzieherinnen mehr Zeit mit den Kindern wünschen, mehr Zeit für Projekte und aktives Lernen. Im besten Fall wünschen sich einige, dass sie die Kinder besser und intensiver kennenlernen, nicht nur an der „Oberfläche kratzen“. Sie wollen besser geschult werden und nicht mit schwierigen, von Fachwissenschaftlern zu kompliziert formulierten Beobachtungsbögen überfordert werden.

Diese Punkte müssen im Team diskutiert werden und sollten auch danach nicht einfach wieder vergessen werden. Das heißt, diese Punkte werden notiert und aufbewahrt. Im Zuge der Portfolioeinführung kann die Leitung immer wieder die Liste herausholen und nachsehen, ob einer dieser Mängel vielleicht mit der neuen Methode geändert wird. So ist allein schon die Änderung der Struktur, ein Zeitmanagement und vor allem ein einheitliches Arbeiten bereits ein Schritt in diese Richtung.

Was kann ich, und was will ich?

Jede Erzieherin bringt ihre individuellen Stärken mit ins Team ein.

Kopiervorlage 11.5 ■ Team-Motivation 2 141

Name ______ Datum ______

Ich bin im Team

Das bin ich

Ich arbeite hier in der ______ Gruppe

als ______.

Am besten kann ich ______.

Mit den Kindern mache ich am liebsten: ______

Und das mache ich nicht gerne im Kindergarten: ______

An meinem Arbeitsplatz gefällt mit gut: ______

Und das würde ich ändern: ______

Wenn ich es könnte, würde ich gerne ______

Wenn ich von der Arbeit nach Hause komme, mache ich zuerst ______

© SCHUBI

Nun erhalten die Teammitglieder einen persönlichen Bogen (siehe Kopiervorlage 11.5, Seite 141), den sie in Ruhe ausfüllen sollen. Hierbei erleben die Kinderpflegerinnen und Erzieherinnen, wie interessant es ist, sich selbst darzustellen, zu hinterfragen und seine Wünsche zu äußern. Auch um die persönlichen Stärken des pädagogischen Personals herauszufinden, ist eine schriftliche Selbsteinschätzung hilfreich.

Ziele setzen

Wenn im Anschluss die Bögen getauscht werden, versuchen die Teammitglieder, die Wünsche der anderen in Ziele umzuformulieren. Werden die Bögen erneut weitergereicht, müssen nun die Ziele wiederum in konkrete Angebote und Fördermöglichkeiten umgesetzt werden. Am Schluss hält jeder seinen Bogen in der Hand und sieht nun, welche Möglichkeiten er hat, seinen Wunsch, sein persönliches Ziel in die Realität umzusetzen.

In der anschließenden gemeinsamen Auswertung erörtert das Team, was ein derartiger Bogen im Alltag mit den Kindern bringen kann. Die Leitung zeigt auf, dass gut formulierte Ziele helfen, das Kind individuell zu fördern. Genaue Beobachtungen vorausgesetzt, können konkrete Wege gefunden werden, diese Ziele für das einzelne Kind, aber auch für die Gruppe umzusetzen. Diese klare Struktur des Arbeitens schafft Übersichtlichkeit. So kann jedes Kind „im Auge" der Betreuer sein und es kann trotzdem stressfrei gearbeitet werden.

Beispiel
Erzieherin Ingrid
Ziel:
- *Gelassenheit in angespannten Situationen*

Umsetzung:
- *Bessere Vorbereitung, Planung und Struktur*
- *Entlastung durch Kollegen*
- *Kleinere Gruppen, bessere Gruppenaufteilung und -struktur*
- *Entspannungsübungen in der Mittagspause und zu Hause*
- *Tee trinken, der die Nerven stärkt (Johanniskrauttee!)*

4.1.3 3. Schritt: Wo, wann und wie arbeiten wir mit Portfolios?

Bis zur routinierten Arbeit mit Portfolios dauert es etwa ein Jahr.

Der nächste und wohl wichtigste Schritt ist es, gemeinsam eine Struktur zu erarbeiten, wann und wie mit Portfolios gearbeitet werden soll. Hier sollten sich alle im Team einig sein. Es muss nun genau festgelegt werden, wann wer wofür zuständig ist, damit Unwissen nicht zu späteren Unstimmigkeiten führt. Auf keinen Fall sollte sich das Team aber dahingehend unter Druck setzen, sofort perfekte Portfolioarbeit leisten zu können. Es beginnt nun zunächst die Einführungsphase, und erst nach etwa einem halben Jahr gemeinsamer Arbeit mit Portfolios wird sich eine gewisse Routine einstellen. Bis sich alle im Team aber sicher sind, Abläufe ohne große Vorbereitung funktionieren und ein Gefühl der Normalität einkehrt, kann schon ein gesamtes Kindergartenjahr vergehen.

Portfolios werden in den Kindergartenalltag integriert.

Im Kapitel 2.3 „Zeitmanagement und Organisation (Teamarbeit, Zeitpläne)" (siehe Seite 18) wurden Voraussetzungen und Planungshilfen vorgestellt, die der zeitlichen und organisatorischen Arbeit mit Portfolios entgegenkommen. Aufbauend auf die klare Verteilung von Zeiten, Aufgaben und Terminen kann Portfolioarbeit als Ergänzung gesehen werden. Denn sie ist nichts weiter als die Auswertung von Beobachtungen und das Zusammenfassen kindlicher Lernfortschritte – aufbereitet in einer dem Kind positiv begegnenden Form.

4.1.4 4. Schritt: die äußere und innere Form bestimmen

Gemeinsam entwickelt das Team die beste Form des Portfolios für den Kindergarten.

Wenn sich das Team einig ist, mit Portfolios im Kindergarten arbeiten zu wollen, sollte es sich zunächst umfassend informieren, welche Möglichkeiten und Formen es dafür gibt (siehe Kapitel 3 „Wie können Portfolios aussehen?", Seite 56). Hilfreich ist es auch hier wieder, sich Anregung aus Büchern, aber auch und vor allem aus anderen Einrichtungen zu holen. „Wie sehen eure Portfolios aus? Wie kommt ihr mit diesem System zurecht?" sind Fragen, die Kollegen am besten beantworten können.

Auch wenn die Erzieherinnen sich einigen, welche Bereiche sie in das Portfolio der Kinder aufnehmen wollen, können sie Kollegen nach ihren Erfahrungen fragen. Außerdem können verschiedene Formen durchgespielt werden. Es werden Beispiele herausgegriffen und man überlegt, wo diese Seiten am besten abgeheftet werden sollen. „Welche Ziele sind uns in der Einrichtung sehr wichtig? Welche Bereiche werden wir besonders oft benötigen?" Eine wichtige Frage wird sein, ob die Kinder von Anfang an selbst an der Portfolioarbeit beteiligt sein werden oder nur passiv sind. So könnten auch die Erzieherinnen alleine sämtliche Beiträge für das Portfolio erarbeiten, die Kinder es vielleicht aber einsehen dürfen (siehe Kapitel 3.4 „Portfolio, ausschließlich von der Erzieherin geführt", Erzieherin-Eltern-Portfolio)

Jetzt muss das Team entscheiden, welche Rubriken, also zum Beispiel Register im Ordner oder Karteikasten, es für das Portfolio wählt. Dafür werfen die einzelnen Teammitglieder die ihnen wichtigen Ziele in die Runde bzw. schreiben sie an eine Tafel oder auf ein Wandbild. Anschließend wird gemeinsam sortiert. Zusätzlich sind die Ziele der Konzeption bzw. der pädagogischen Zielsetzung hier mit einzubringen. Schließlich entscheidet sich das Team für einige Ziele (nicht mehr als zehn, besser nur fünf), die es als Leitfaden in das Portfolio aufnehmen will. Das können sein: Sozialverhalten, Selbstständigkeit, Persönlichkeit, Motorik usw.

Auch die Ziele der Bildungspläne sind eine gute Vorgabe für die Struktur eines Portfolios (siehe Kapitel 2.7 „Arbeiten nach den Bildungsplänen" und 3.3 „Portfolios, gegliedert nach Bildungszielen"). Allerdings sind das üblicherweise zwischen 10 und 15 einzelne Punkte, was etwas unübersichtlich werden könnte.

Diese nun entworfene Ordnung des Portfolios ist nicht statisch. Sie muss erst erprobt werden, um zu erkennen, ob sie so funktioniert.

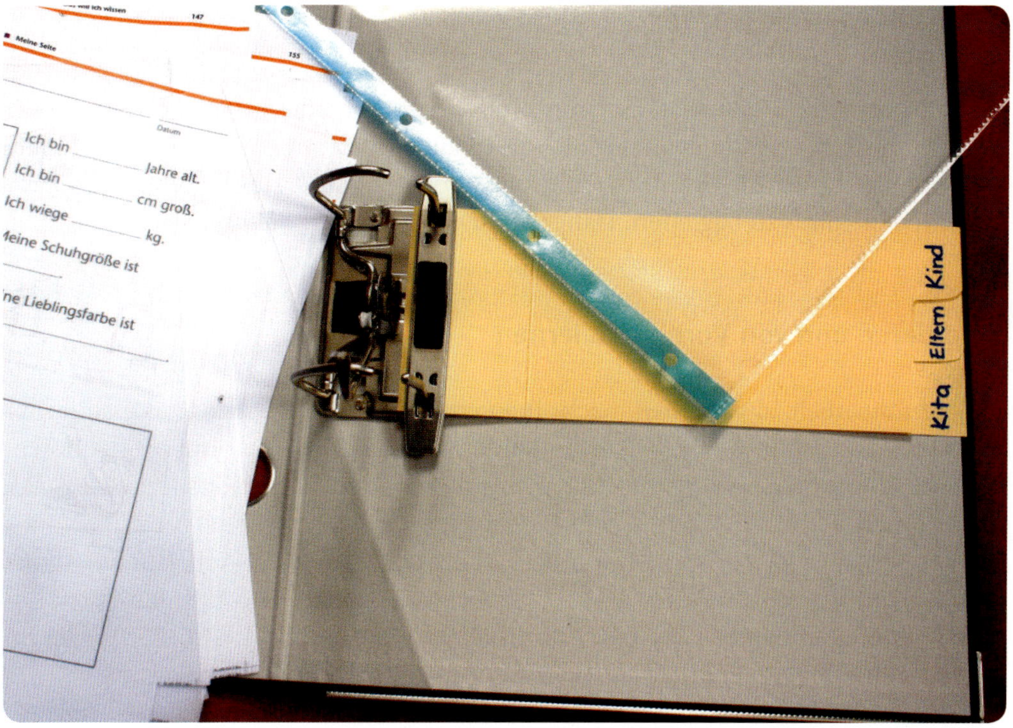

Ein einfaches Ordnungssystem selbst gemacht

Einheitlichkeit innerhalb der Tagesstätte

Das Team sollte sich auf eine gemeinsame Linie für die Tagesstätte einigen: Gleiche Struktur (also die Ordnung in Form von Registern und ihre Beschriftung), äußere und innere Form. So können Kinder, Eltern und Erzieherinnen aller Gruppen jederzeit mit dem Portfolio arbeiten.

Alle pädagogischen Mitarbeiter eines Kindergartens sollten die selbe innere und äußere Form des Portfolios verwenden.

Kopiervorlage 11.3 ■ Leitfaden „Portfolios im Team einführen“ 139

11.3 Leitfaden „Portfolios im Team einführen“

1. Schritt: der Impuls zur Arbeit mit Portfolios

- ein Teammitglied stellt die Portfoliomethode vor.
- Am besten gibt es ein Portfolio zum Hineinsehen.
- Literatur zum Nachschlagen und Einlesen ist hilfreich
- Kollegen, die aus der Praxis berichten, helfen den Einblick zu intensivieren.

2. Schritt: dem Team Portfolioarbeit schmackhaft machen

- Befragung des Teams
- Konstruktive Änderungsvorschläge sammeln
- Übung: Was kann ich und was will ich?
- konkrete Ziele für jeden im Team setzen

3. Schritt: Wo, wann und wie arbeiten wir mit Portfolios?

- Erarbeitung einer Struktur (Zeitmanagement, Organisation, Planung)

4. Schritt: die äußere und innere Form bestimmen

- Vorlagen suchen
- verschiedene Systeme ausprobieren
- Register und Rubriken überlegen
- Einheitlichkeit innerhalb der Kita

5. Schritt: Schulung des Teams

- Hospitieren in anderen Einrichtungen, die bereits Portfolios verwenden
- Beobachten üben – Objektivität entwickeln
- Reflektieren
- Formulieren

6. Schritt: ein Modellportfolio

- die eigene innere und äußere Form des Portfolios als Modell

Leitfaden (siehe Kopiervorlage 11.3, Seite 139)

4.1.5 5. Schritt: Schulung des Teams

Das Team einer Kindertagesstätte kann Portfolioarbeit nicht einfach von einem Tag auf den anderen bewältigen. Viele kleine Arbeitsschritte und Übungen helfen, alle Teammitglieder auf einen ähnlichen professionellen Stand zu bringen, um Kinder und ihre Portfolios zu begleiten. Daher heißt der 5. Schritt: Schulung des Teams.

Hospitieren und von Vorbildern lernen

Um Portfolioarbeit zu verstehen, reicht theoretisches Informieren zwar aus, einfacher und weit effektiver ist es aber, sich zusätzlich praktische Informationen einzuholen. Wenn irgend möglich sollte mindestens die auserwählte „Portfoliospezialistin“ des Teams einen Besuch in einer Kindertagesstätte machen, die bereits mit Portfolios arbeitet. Sie kann sich dort nicht nur die Ordner der Kinder, die Abheftungssysteme und Register ansehen, sondern auch erfahren, wie es dem Team mit den Portfolios geht. Wenn sie nun noch bei einer Portfoliostunde dabei sein darf, hat sie schon einen tiefen Einblick erhalten.

Das Kindergarten-Team kann sich von praxiserfahrenen Kollegen einiges abschauen.

Eine andere Möglichkeit, über Praxiserfahrungen informiert zu werden, wäre der Besuch einer Erzieherin, die mit Portfolios arbeitet.
Sie könnte dem gesamten Team eine Mappe oder einen Ordner vorstellen und erläutern, wie in ihrem Kindergarten die Portfoliomethode eingeführt wurde. Diese praktischen und sehr individuellen Tipps sind für die zukünftige Portfolioarbeit äußerst wertvoll. Durch den Austausch können Fehler im Vorfeld vermieden werden, umständliches Einordnen wird zu übersichtlichem Abheften, und die Elterninformationen laufen etwas gezielter ab. Denn erst die praktische Arbeit mit Portfolios kann zeigen, wie sie tatsächlich von Kindern und Eltern, aber auch vom Team aufgenommen und umgesetzt wird.

Darüber hinaus können spezielle Referenten dem Team bei einer internen oder externen Fortbildung die Portfolioarbeit vorstellen. Hier sind Profis am Werk, manchmal erfahrene Kollegen, die seit Jahren mit Portfolios arbeiten, manchmal auch reine Theoretiker. Es ist also wichtig, sich genau zu informieren, welche Art der Fortbildung geboten wird und welche Inhalte konkret besprochen werden. Denn das Team benötigt vor allem praktische Tipps. Die Theorie hat es ja bereits aus diesem Buch erfahren.

Richtig beobachten und auswerten – Objektivität

Welche Beobachtungsform in der Kindertagesstätte verwendet wird, ist inzwischen allen Teammitgliedern klar, und sie haben sich mit der Materie „Beobachten und Auswerten“ vertraut gemacht. Wie aber funktioniert überhaupt Beobachten?

Objektives Beobachten muss trainiert werden.

Jede Erziehein muss lernen, einen objektiven Blick auf die Kinder werfen zu können. Das ist schwer und sicher nicht absolut möglich, da immer etwas Persönlichkeit mit einfließt. Doch mit etwas Übung wird es den Teammitgliedern gelingen, Kinder so objektiv wie möglich zu beobachten, um ein wertfreies Bild zusammenzutragen.

Im Zuge der Einführung der Beobachtung im Team wurden sicher auch verschiedene Übungen und Tipps besprochen, wie konkretes Beobachten funktioniert und schließlich die Eindrücke notiert werden sollen. Denn nicht bei jeder Form der Beobachtung müssen, wie bereits erwähnt, nur Kreuzchen an der richtigen Stelle gemacht werden. Meistens ist es die Erzieherin, die es in der Hand hat, das Kind zu beschreiben und zu bewerten – daher sollte sie schon kompetent und verantwortlich mit dieser Aufgabe umgehen.

„Die Phase des Beobachtens und anschließenden Beschreibens verlangt eine möglichst sachliche und wertfreie Haltung. Eine genaue Festlegung des Beobachtungsinhalts erleichtert die konkrete Beobachtung. Lassen Sie sich Zeit, wenn Ihnen das anschließende Beschreiben und Dokumentieren von Abläufen noch schwerfällt. Sie könnten beispielsweise zu Beginn Ihrer eigenen Form der Beobachtung und Dokumentation noch eher mit standardisierten Beobachtungsinstrumenten starten und – in klar strukturierten und im Team zeitlich vereinbarten Schritten – bei Bedarf den Schwerpunkt Ihres Materials nach und nach verändern."
(Denning, 2007, S. 18)

In der Praxis bedeutet das, zunächst mit einfachsten Formen der Beobachtung zu beginnen. Um den Einstieg noch zusätzlich zu erleichtern, kann das Team ein paar Übungen machen:

- Einen Gegenstand beschreiben
  - Wie sieht es aus?
  - Was macht es?
  - Wofür ist es zu verwenden?
  - Wo wird es aufbewahrt?
  - Welchen Namen hätte der Gegenstand, wenn ich ihm einen Namen geben dürfte?
  - Was ist es?
- Eine Situation beschreiben, die ein Teammitglied vormacht
  - Einen Kaffee trinken
  - Ein Fahrrad aufpumpen
  - Die Zähne putzen

Solche oder ähnliche Übungen lockern die innere Blockade gegen das schriftliche Formulieren. Spielerisch üben die Teammitglieder, ihren Blick zu schärfen und das Gesehene tatsächlich genau so aufzuschreiben.

Im folgenden Beispiel wird ein Buch nach den oben stehenden Fragen beschrieben:

- *Es ist rechteckig und nicht sehr groß. Der Umschlag ist aus Pappe und rot und blau bedruckt. Eine Schrift ist darauf.*
- *Es macht gar nichts. Es steht im Regal.*
- *Zum Lesen.*
- *Im Regal.*
- *Wortort.*
- *Es ist ein Buch.*

An diesem Beispiel wird deutlich, dass die Erzieherin sich noch nicht richtig an die Aufgabe heranwagt. Sie könnte die Fragen viel detaillierter beantworten. Nach dem Vorlesen aller Beiträge im Team hat sie es noch einmal versucht:

> *Beispiel*
> *Es sieht aus, wie ein flacher Ziegelstein, auf allen Seiten rechteckig. Es ist etwa so groß wie die Hand eines Erwachsenen, ungefähr zwanzig Zentimeter hoch, zehn bis zwölf Zentimeter breit und etwa drei Zentimeter tief. Außen ist es an drei Seiten umhüllt von Pappe. Oben und unten und an einer langen Seite sieht man das Innere, das aus vielen einzelnen Blättern Papier besteht, die fest an der Rückwand befestigt sind …*

Die Wahrnehmung muss geschult werden, um einen sicheren Blick zu entwickeln.

Genaues Beobachten bedeutet aber nicht einfach, mehr aufzuschreiben, sondern genauer hinzusehen und anschließend das Ausschlaggebende zu notieren. Wenn jemand noch nie ein Buch gesehen hat, ist es unbedingt notwendig, die Äußerlichkeit und die Beschaffenheit des Materials genau zu beschreiben. Da alle, die die Beobachtungen der Kinder lesen werden, wissen, dass es um Kinder geht, wird das nicht mehr notwendig. Aber die Situation, in der sich das jeweilige Kind befindet, ist dem Leser unbekannt. Die Erzieherin muss sie genau vorstellen, damit der Leser später weiß, wo sich das Kind befand, warum es so reagiert hat und nicht anders, und auch, wie sich die Situation entwickelte.

Die Erzieherin übt das Beschreiben eines Gegenstandes.

Reflektieren

Wie in Kapitel 7.1 „Reflektieren" (siehe Seite 104) beschrieben, bedeutet reflektieren, sich Gedanken machen. Nicht jede Erzieherin oder Kinderpflegerin ist ein kognitiver Mensch. Viele Pädagoginnen arbeiten, wie sie selbst sagen, „aus dem Bauch heraus". Ihnen fällt es schwer, Theorien zu behalten, sie dann praktisch umzusetzen. Und trotzdem sind sie gute Pädagoginnen, weil sie offensichtlich das richtige Gespür für die Kinder haben. Reflektieren macht aber einen Gedankengang nötig, den sich alle Teammitglieder aneignen müssen. Es ist für jede Pädagogin eine grundsätzliche Voraussetzung, dass sie es schafft, ihr eigenes Handeln regelmäßig zu hinterfragen, um sich selbst beurteilen, bewerten zu können. Schließlich muss sie sich auch verbessern, weiterbilden und -entwickeln, und das funktioniert nur, wenn sie weiß, wo sie gerade steht.

Wer sich selbst reflektiert, lernt, sich einzuschätzen.

Wenn sie nun mit dem Kind eine Aktivität durchführt, mit der Gruppe ein Spiel oder ein Angebot macht, muss sie es schaffen, danach mit den Kindern darüber nachzudenken, wie diese Situation abgelaufen ist. Wie hat es sich angefühlt, das Buch anzusehen? Wie habe ich mich dabei gefühlt, durch den Raum zu laufen oder das Bild zu malen? Ist es mir gelungen, mein Ziel zu erreichen? Diese Gespräche haben so viel mehr Wert, als nur eine weitere Zielsetzung zu ermöglichen. Hier findet Sprachförderung statt. Aber auch die Möglichkeit, seine Gefühle auszudrücken, Worte für Emotionen zu finden und diese mit anderen Kindern teilen zu können, ist ein Lernschritt. Die Erkenntnis, überhaupt etwas gelernt zu haben, ist für viele Kinder neu. Sie denken doch, wie wir Erwachsenen meist auch, dass sie gerade „nur" gespielt haben.

Formulieren

Viele Erzieherinnen haben seit ihrer Schulzeit, bzw. seit ihrem Studium nicht mehr formuliert. Briefe werden mit Hilfe von Computern als Mails versandt, oder ein schneller Anruf ersetzt die schriftliche Kommunikation. Da Erzieherinnen Kindern Freude am Lesen und Schreiben vermitteln sollen, ist es eine wichtige Voraussetzung ihrer Arbeit, selbst ein wenig Spaß am Fabulieren und Formulieren zu haben.

Eine gute Ausdrucksweise und ein sicherer Umgang mit der deutschen Sprache ist notwendig, um mit Kindern Portfolios zu erstellen.

Schließlich sollten Beobachtungen und deren Dokumentation so formuliert sein, dass sie später auch verständlich sind. Mit den oben genannten Übungen können Erzieherinnen schon ein wenig näher an ihr Ziel kommen. Nebenbei ist es hilfreich, viel zu lesen. Am besten aber funktioniert es, einfach zu schreiben und im Team laut vorzulesen. Das kostet schon ein wenig Überwindung. Ist aber das Team bereit, in die Arbeit mit Portfolios einzusteigen, wird es auch dafür bereit sein. Nur wenn alle Teammitglieder offen miteinander umgehen und ihre Ängste und Unsicherheiten ansprechen, werden sie es schaffen, wirklich gute Arbeit zu leisten. Das heißt konkret, dass jeder im Team Respekt vor der Person des anderen haben sollte. Niemand muss sich schämen, weil er im Deutschunterricht nicht besonders gut war. In vielen Teams arbeiten Menschen mit Migrationshintergrund bzw. einer anderen Muttersprache als der Deutschen mit. Auch sie sollen eine Chance haben, Beobachtungen gut zu formulieren.

Beobachtungen aufzuschreiben heißt nun aber nicht, eine Geschichte aufzuschreiben. Wie oben gelernt, geht es darum, objektiv zu sein. Das heißt, nun muss auch sachlich geschrieben werden. Ausschmückungen wie: „Peter schreit total hysterisch herum" geben den Sachverhalt nicht konkret wieder. Besser wäre: „Peter kreischt laut." Das Wort „kreischen" gibt das wieder, was die Erzieherin mit „total hysterisch herumschreien" meinte. Nur ist es einfacher, klarer und somit sachlicher.

Schreiben ist ein schwieriges Handwerk, und nicht jeder, der einen Stift zur Hand nimmt, kann gleich ein Bestseller-Autor werden. Erzieherinnen müssen sich bewusst machen, dass sie sich die Grundfähigkeit zu formulieren aneignen müssen – nicht mehr und auch nicht weniger. Dann können sie sicher und locker formulieren und haben (hoffentlich) sogar Spaß dabei.

Formulieren von Beurteilungen

Wie bei den geschriebenen Zeugnissen in der (Grund-)Schule beinhaltet auch eine Lerngeschichte, ein Brief oder das ausgewertete Protokoll eines Entwicklungsgesprächs Wertungen, die die Erzieherin über das Kind abgibt. Oft geschieht das unbewusst und kommt erst an die Oberfläche, wenn Eltern pikiert darauf hinweisen, dass ihr Kind nicht erst „ziemlich gut" auf einem Bein stehen kann, sondern „sehr gut". In vielen erwachsenen Köpfen steckt noch das Denken aus der eigenen Schulzeit. Sie wurden darauf gedrillt, zu verstehen, was der Unterschied zwischen „ausreichend" und „befriedigend" ist.

Erzieherinnen dürfen in ihren Beiträgen nicht werten oder urteilen.

Was bedeutet es, wenn im Zeugnis steht: „Maria beteiligt sich rege am Unterrichtsgeschehen. Ihre Hausaufgaben erledigt sie meist gewissenhaft." Übersetzt würde diese Formulierung in etwa heißen, dass Maria ständig den Finger hebt und gerne ihren Kommentar abgibt. Zumindest ist sie aufmerksam dabei. Bei den Hausaufgaben sieht es aber anders aus. Das „meist" lässt darauf deuten, dass Maria manchmal unordentliche Hausaufgaben abgibt oder sie vielleicht gar nicht macht. Mit dieser grundsätzlich negativen Haltung gegenüber den Leistungen von Kindern kann viel Schaden angerichtet werden. Denn Kinder brauchen Lob, Anerkennung und Aufmerksamkeit für ihre Leistungen. Ein kleines Wort kann das bereits herabsetzen, und von Eltern vorgelesen, die vielleicht gleich einen Kommentar dazu äußern, wird das Kind sein Erfolgserlebnis geschmälert sehen.

Was also tun? Beim Schreiben von Lerngeschichten, Auswertungen usw. müssen die Pädagogen ständig auf ihre Sprache achten. Wertende Wörter sollten wegfallen, soweit dies möglich ist. Negatives, unzureichend Gelerntes oder Störendes muss nicht erwähnt werden. Und wenn doch, dann im positiven, also bestärkenden Sinne.

Beispiel

Lucas (vier Jahre) ist sehr geschickt beim Klettern. Er hangelt sich an den Ästen und Klettergeräten entlang wie ein Äffchen. Wenn es aber darum geht, seine Sachen zusammenzuhalten, seinen Rucksack zu packen, die Hausschuhe anzuziehen oder aufzuräumen, ist Lucas vollkommen abwesend. Die Erzieherin versucht diese Gegebenheiten in einem Brief zu formulieren:

Lieber Lucas!

Wenn wir zusammen in den Wald gehen, bist Du immer der Erste auf einem Baum. Du suchst Dir die höchsten aus und kletterst bis ganz weit hinauf. Dann hängst Du dich an die Äste wie ein Affe. Denn Du bist stark und geschickt. Leider schaffst Du es im Kindergarten nicht immer, dich an unsere Regeln zu halten. Besonders schwierig findest Du es, Deine Hausschuhe aufzuräumen. Ständig lässt Du Deinen Rucksack herumliegen und fast jeden Tag musst Du irgend etwas suchen. Das musst Du noch üben. Ich helfe Dir gerne dabei und wünsche Dir noch eine schöne Kindergartenzeit.

Deine …

Mit diesem Brief weist die Erzieherin den Jungen direkt auf seine Schwächen hin. Sie kritisiert unverblümt seine Schlamperei und Regeluntreue. Damit erreicht sie nur, dass er verunsichert ist. Wer will schon gerne mit der Nase auf seine Schwächen und Fehler gestoßen werden? Natürlich möchte die Erzieherin Lucas vermitteln, dass er sich besser an die Regeln halten soll. Das könnte sie in etwa so formulieren:

... geschickt. Im Kindergarten müssen wir manchmal Deine Hausschuhe oder Deinen Rucksack zusammen aufräumen. Ich würde mich freuen, wenn Du versuchen würdest, öfter daran zu denken, Deine Brotzeitbüchse und Deine Flasche selbst in den Rucksack zu räumen und ihn an deinen Haken zu hängen. Du kannst schon sehr gut Ordnung halten. Wenn Du willst, helfe ich Dir, daran zu denken.

Deine ...

Nun hat die Erzieherin versucht, positiver zu formulieren. Mit „Ich-Botschaften" bemüht sie sich, ihre Perspektive deutlich zu machen und dem Kind so das Gefühl zu geben, angenommen zu sein und Hilfe beim Lösen der Aufgabe zu erhalten.

Briefe an das Kind

Für das Portfolio können die Erzieherinnen später persönliche Briefe, ähnlich dem oben erwähnten Beispiel, an das jeweilige Kind schreiben. Darin geht es um subjektive Eindrücke der Betreuerin gegenüber ihrem Bezugskind. Die persönliche Ansprache in Form eines Briefes hilft, tatsächlich persönlich zu formulieren. Außerdem fühlt sich das Kind dadurch von der Erzieherin wahrgenommen. Diese Briefe der Erzieherinnen sind eine wunderbare Erinnerung für spätere Zeiten und im Moment eine liebevolle und persönliche Art, Beobachtungen zu formulieren.

Persönliche Briefe sind nicht nur im Portfolio beliebt.

Doch auch bei diesen Briefen gilt es, wie bei den anderen Seiten für das Portfolio, genau zu beobachten und zu formulieren. Da es sich um einen eher subjektiven Kommentar handelt, der sehr persönlich formuliert wird, darf die Sprache auch passend dazu sein. Wichtig ist die altersgerechte Formulierung. Dennoch sollte lieber ein schwieriges Wort verwendet werden, als schlechtes Deutsch zu schreiben, denn die Kinder lernen wieder daraus.

Als Beispiel ein Brief an die dreijährige Vanessa:

Liebe Vanessa!

Du bist nun schon seit drei Monaten in unserem Kindergarten und in der Teddy-Gruppe. Von Anfang an ist mir aufgefallen, wie genau Du alles anschaust. Du kannst ganz lange ruhig sitzen und zuhören. Ich freue mich besonders, wenn Du mit uns singst. Du hast so eine wundervolle Stimme, die hell und klar klingt. Ich werde immer fröhlich, wenn du singst.
Es ist sehr schön, Dich bei uns zu haben und ich freue mich darauf, Dich noch besser kennenzulernen.

Deine Erzieherin Leni

Die Erzieherin hat versucht, die Stärken des Kindes hervorzuheben. Aber auch ihre persönlichen Eindrücke sind dargestellt: Die Freude über Vanessas schöne Stimme. Das Kind ist erst seit Kurzem in der Einrichtung, daher kann die Erzieherin noch keine Details benennen.

Lerngeschichten entstehen

Geübtere Erzieherinnen können sich an die ersten Lerngeschichten zur Dokumentation der Fortschritte eines Kindes heranwagen.

*„Die **Lerngeschichte** ist eine aus der Vorschulpädagogik hervorgegangene Methode zum Erfassen und Bewerten von Bildungsprozessen (Margret Carr). Das Konzept wurde in der neuseeländischen Forschungsarbeit mit Kindern entwickelt.*

Bei der Lerngeschichte geht es darum, Details des Lernprozesses eines Kindes (in der Kindertagesstätte) als Geschichte festzuhalten, um zu dokumentieren, wie gelernt wird, um damit die Bedingungen für z. B. gut verlaufende Lernprozesse sowohl dem Kind als auch der Erzieherin und den Eltern deutlich zu machen.

Die Bewusstwerdung des Lernprozesses wird dabei helfen, Lernen effektiver zu machen. ‚Lerngeschichten sind Geschichten über das Lernen (...). Sie halten Episoden des Schlüssellernens fest, in denen Kinder neue Arbeitstheorien und Lerndispositionen entwickeln.' (Carr, S, 45).

Die bislang in der deutschen Vorschulpädagogik kaum verwendete Methode findet in der letzten Zeit immer mehr Interessenten. Das lässt sich an den häufiger werdenden Publikationen zu dem Thema ablesen.

Lerngeschichten schlagen Brücken zu Menschen, Dingen und Orten, indem sie diese benennen und ihre Beziehung zum Kind beschreiben. Den Erziehenden wird klar, worüber Kinder nachdenken und wofür sie sich interessieren – so entwickeln sie Vorstellungen darüber, welche Vorschläge man dem Kind im Rahmen seiner Interessen machen kann …

Die Lerngeschichte ist eine ausgezeichnete Möglichkeit der Zusammenarbeit von Kindern und Erzieherinnen. Beide lernen sich sehr schnell kennen – die Erzieherin die Stärken und Schwerpunkte des Kindes, das Kind die Vorgehensweise der Erzieherin, und bald sind auch die Eltern in diese Arbeit an den Geschichten mit einbezogen, denn sie liefern gelegentlich wichtige Hintergrundinformationen. Das Interesse der Eltern an der Einrichtung und an ihren Kindern wächst – ihre Mitarbeit wird sich vermutlich intensivieren. Eltern werden dadurch offener." (http://de.wikipedia.org/wiki/Lerngeschichte, 15.09.2008)

Wie funktioniert eine Lerngeschichte?

Lerngeschichten können aktiv oder passiv entstehen. Gemeint ist, dass das Kind sich aktiv beteiligt, indem es mit der Erzieherin darüber spricht, was es getan, gelernt oder erlebt hat. Passiv bedeutet, dass die Erzieherin ihre Beobachtung in Form einer persönlichen Geschichte über und für das Kind dokumentiert.

Entstehung einer Lerngeschichte

Lerngeschichten entstehen durch die intensive Beobachtung von Kindern und deren Dokumentation. Eine Lerngeschichte kann sehr verschiedene Formen annehmen, angefangen von der Aufzeichnung einer einzelnen Beobachtung bis hin zu mehreren Beobachtungen und deren Beschreibungen, die durch Bilddokumentationen, Notizen, Zusammenfassungen oder Überlegungen zu nächsten Schritten ergänzt werden.

Das Kind wird während einer nicht angeleiteten Tätigkeit von einer pädagogischen Fachkraft beobachtet, diese beschreibt auf einem Beobachtungsbogen, was das Kind tut. Im Anschluss daran wird die Beobachtung anhand der fünf Lerndispositionen analysiert, zusammengefasst und im Austausch mit anderen Kolleginnen diskutiert. Daraufhin können eine Lerngeschichte geschrieben und nächste Schritte für das Kind geplant werden. Die Lerngeschichte kann sowohl in der dritten Person als auch in der „Du-Form" als Geschichte für das Kind formuliert sein.

Während der Erprobung des Verfahrens der „Bildungs- und Lerngeschichten" in den 25 Modelleinrichtungen zeigte sich bisher, dass die Lerngeschichte in der 2. Person (Du-Form) am besten geeignet ist. Eine Lerngeschichte in der 3. Person wirkt schnell zu formell und abstrakt und ist somit oft nicht geeignet, den Kindern und deren Eltern die Lernprozesse und das grundlegende Anliegen des Kindes aufzuzeigen.

Lerngeschichten können zusammen mit Bildern und anderen Materialien in einem Portfolio für das Kind gesammelt und zusammen mit dem Kind, den Eltern oder anderen ErzieherInnen betrachtet und reflektiert werden. Ziel ist es, sich der Lernprozesse einzelner Kinder bewusst zu werden und darauf möglichst individuell zu reagieren.

Beispiel: Lerngeschichte für Max

Lieber Max,
in den letzten Monaten habe ich Dich beim Spielen beobachtet. Ein paar Mal habe ich auch aufgeschrieben, was Du gemacht hast, damit ich mich später daran erinnern kann. Dir beim Spielen zuzusehen hat mir sehr viel Freude bereitet.

Ich habe gesehen, dass Du Dich gern und viel in Deiner Umgebung, also in der Kita drinnen und draußen umschaust und selbst Dinge zum Spielen findest. Du probierst gern etwas aus und findest heraus, wie es funktioniert.

Zum Beispiel habe ich gesehen, wie Du einen Reifen im Garten gefunden hast. Diesen Reifen hast Du dann auf verschiedenen Untergründen entlanggerollt: Auf der Wiese, auf dem Weg, auf dem Sand, auf der Holzrampe, und schließlich hast Du sogar ausprobiert, ob der Reifen auf der Rutsche auch rollen kann. Du hast gelernt, wo sich der Reifen rollen lässt und wie er auf den verschiedenen Böden rollt.

Im Bewegungsraum habe ich gesehen, wie Du versucht hast, auf die Stabschaukel zu kommen. Das war sehr anstrengend, aber Du hast es immer wieder versucht, und dann hast Du es tatsächlich geschafft! Du hast dabei entdeckt, dass Du Dich mit Kraft und Ruhe leichter auf die Schaukel ziehen kannst, als auf die Schaukel zu springen.

Ein anderes Mal hast Du im Bewegungsraum in einer Tonne gesessen und ausprobiert, wie eine Taschenlampe funktioniert. Dabei hast Du festgestellt, wie sie an- und ausgeschaltet wird und wie der Lichtstrahl im Hellen und im Dunkeln aussieht. Als Du aus der Tonne aussteigen wolltest, hattest Du nur eine Hand, um Dich festzuhalten, denn mit der anderen Hand hast Du die Taschenlampe festgehalten. Du hast eine Weile dort auf der Tonne gesessen und vielleicht überlegt, wie Du am besten aussteigst. Ich habe sehr gestaunt, als Du wirklich auf dem Fußboden angekommen warst und immer noch die Taschenlampe in der Hand hattest.
(Wolf, 2006, o. S.)

Kommentieren von Situationen, Fotos und Bildern

Jede Seite, die ins Portfolio eingeordnet wird, muss einen Kommentar enthalten. Das bedeutet, nichts sollte „einfach so“, ohne eine Erklärung des Inhalts, ohne eine Erläuterung der Situation eingeheftet werden. Die Erzieherin oder das Kind selbst erläutern den Inhalt des Fotos oder des Bildes, um späteren Missverständnissen vorzubeugen und das Gelernte zu erklären.

Jedes Bild oder Foto im Portfolio muss kommentiert werden.

Zum Beispiel

Die Erzieherin fotografiert Lena, die gerade einen Papierflieger hochfliegen lässt. Ohne Kommentar würde der Eindruck entstehen, hier handle es sich um einen Schnappschuss. Steht aber dabei: „Lena hat heute ganz alleine, ohne Hilfe oder Anregung, einen Flieger gebaut. Hier fliegt er gerade durch das Zimmer“, ist eine Einordnung des hier Dokumentierten möglich.

4.1.6 6. Schritt: ein Modellportfolio

Wenn das Team sich nun in allen Punkten einig ist, wie das Portfolio aussehen soll, welche Bereiche hineinkommen und wer die Arbeit jeweils begleitet, kann es mit der Arbeit losgehen. Im sechsten Schritt der Einführung der Portfolioarbeit im Team entsteht ein Modellportfolio als Handreichung für die Erzieherinnen. Nach all der fleißigen Teamarbeit ist es wie ein Abschluss der Einführung in das Thema Portfolioarbeit.

Ein Modellportfolio erleichtert dem Team die praktische Arbeit.

Anhand des Leitfadens zur Einführung des Portfolios im Team (siehe Kapitel 4.1 „Die Einführung des Portfolios im Team“, Seite 66), können die Mitarbeiter gemeinsam festhalten, zu welchen Ergebnissen sie gekommen sind. Welche Form der Beobachtung, welche Bereiche und Register sollen ins Portfolio usw. Anhand dieser Ergebnisse werden nun Modellseiten erstellt. Das können leere Kopiervorlagen sein, aber auch von den Pädagogen ausgefüllte Seiten. Diese werden dann jeweils in ihr „Fach“ sortiert. So ist jedem sofort ersichtlich, wie das zukünftige Portfolio aussehen könnte und wo welche Seite einsortiert werden soll.

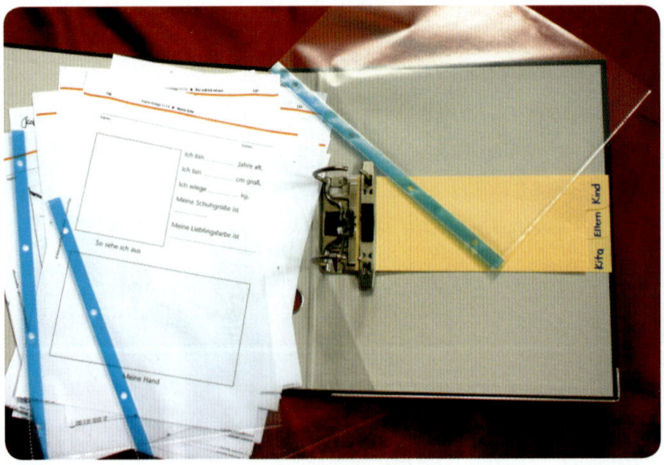

Modellportfolio mit Kopiervorlagen

Selbstverständlich ist das Modellportfolio nur ein Anhaltspunkt, eine Art Maßstab. Das einzelne Kinderportfolio wird anders aussehen, lebendiger. Wie eine Wohnung, die von Designern entworfen wird und erst dann wohnlich wirkt, wenn jemand darin gelebt hat. Das Portfolio des Kindes wird lebendig, wenn seine Entwicklung darin dargestellt wird und die Kinderhände es hoffentlich oft in die Hand genommen haben.

5 Portfolios in der Kita einführen

5 Portfolios in der Kita einführen

5.1 Die Eltern informieren und motivieren

Ein Kindergartenjahr ist gefüllt mit Aktionen und Veranstaltungen, an denen die Eltern teilnehmen und bei denen sie auch Aufgaben übernehmen müssen. Infobriefe und Fragebögen füllen die Briefkästen so häufig, dass Inhalte kaum noch wahrgenommen werden. Wie können Erzieherinnen trotzdem zur Zusammenarbeit aufrufen und den Eltern Freude an der Mitarbeit vermitteln?

Auch Erwachsene lernen am besten, wenn sie emotional berührt werden.

Es müssen Wege gefunden werden, die Eltern direkt anzusprechen und ihre emotionale Ebene zu berühren. Spätestens dann, wenn die Erzieherinnen selbst Mutter werden, wissen sie, was den Eltern am meisten fehlt (neben der freien Zeit für sich selbst): Anerkennung. Viel zu selten bekommen sie ein Lob dafür, dass sie dieses Kind schon so groß gezogen haben und es sich bis jetzt hervorragend entwickelt hat. Wann klopft jemand der Mutter auf die Schulter und sagt: „Gut gemacht!" Diese Anerkennung, überhaupt die Wahrnehmung der Elternleistungen, kann Anknüpfungspunkt sein, um Eltern zur Mitarbeit zu motivieren. Werden sie beim Bedürfnis nach Respekt gegenüber ihrer Elternschaft gepackt, bei der eigenen Leistung, eine gute Mutter zu sein, helfen sie vielleicht gerne auch im Kindergarten mit.

Hospitieren

Um Eltern einen Einblick in den Kindergartenalltag zu gewähren, bieten viele Kindertagesstätten die Möglichkeit zur Hospitation. Dabei handelt es sich um einen rein passiven Besuch – also eine Beobachtungsmöglichkeit für die Eltern. Wenn nun bereits Portfolioarbeit stattfindet, können die Eltern gleichzeitig erleben, wie die Erzieherin Kinder beobachtet, Situationen festhält, fotografiert und dokumentiert. Sind die Eltern bereits in die Portfolioarbeit eingeführt worden, können sie aufgrund ihres Vorwissens mit anderen Augen am Geschehen teilnehmen. Sie sehen nicht mehr nur ein Kind, das einen Turm baut. Sie beobachten, wie das Kind geschickt einen Stein auf den anderen setzt und sich freut, wenn der Turm auch mit vielen Steinen noch steht.
Die Erzieherinnen sollten mit den Eltern klare Regeln für die Hospitation ausmachen, damit der Ablauf nicht gestört wird. Zu gerne mischt sich manche Mutter ein, wenn ihr Kind von einem anderen geärgert wird.

Regeln für die Hospitation können sein:

- Eltern halten sich im Hintergrund.
- Eltern mischen sich nicht in Situationen ein.
- Eltern verlassen nach Aufforderung durch eine Erzieherin sofort den Raum (das kann sein, wenn ein Kind sich durch ein immerfort störendes Elternteil unwohl fühlt, in besonderen Stresssituationen usw.).
- Auch wenn es schwerfällt – Konflikte werden von den Kindern und wenn nötig von den Erzieherinnen gemeinsam gelöst – ohne Eltern.
- Eltern und Erzieherinnen können sich im Anschluss an die Hospitation austauschen – nicht währenddessen.

Für die Eltern ist es im Hinblick auf die Portfolioarbeit interessant, einen „Beobachtungsbogen“ oder eine bestimmte Aufgabenstellung zu erhalten, die sie, natürlich nur freiwillig, ausfüllen können. Das können konkrete Beobachtungspunkte sein oder aber Selbstreflexionen.

Mögliche Aufgaben für hospitierende Eltern:

- Wie begegnet Ihr Kind anderen Kindern?
- Welcher Beschäftigung geht es als Erstes nach?
- Kann Ihr Kind sich bei Problemen helfen?
  - Wie hilft sich Ihr Kind bei einem Problem?
- Mit wem spielt Ihr Kind?
- Beteiligt sich Ihr Kind an Gruppenaktivitäten?
- Fühlt Ihr Kind sich wohl?
- Wie fühlt es sich an, nur zu beobachten?
- Wie halte ich es aus, wenn mein Kind Probleme hat (Streit, Schmerz usw.) und ich nicht eingreifen kann?
- Welchen Eindruck macht das freie Spiel auf mich?
  - Wird dort „nur“ gespielt?
  - Wird dort auch gelernt?
- Welchen Eindruck machen die Erzieherinnen auf mich?
  - Gehen sie auf die Kinder ein?
  - Geben sie den Kindern ausreichend Anregungen?
- Welchen Eindruck machen die Räumlichkeiten auf mich?
- Wie empfinde ich den zeitlichen Ablauf des Vormittags?

Ein Vorschlag für einen ersten Portfolio-Eltern-Infoabend

Wie wäre es mit einem Brief des Kindes an die Mutter/den Vater oder beide Eltern gemeinsam? Darin kann das Kind erzählen, was es an der Mutter/dem Vater besonders mag und warum es froh ist, diese Eltern zu haben. Dieser Brief wird nun in die Einladung integriert. Er ist ein erster Teil für den Teil der Eltern im Portfolio des Kindes.

Gezielte Fragen helfen Eltern, die Hospitation zur Beobachtung zu nutzen.

Liebe Mama!
Wenn Du immer in der Früh zu mir kommst und mich an der Backe streichelst und dann noch mit mir kuschelst, fühl ich mich ganz warm und leicht. Ich mag es gerne, wenn Du mit mir zusammen spazieren gehst, weil Du da immer so schöne Geschichten erzählst. Und dass Du immer so viel arbeiten musst, ist doof, weil Du dann so müde bist. Wenn Du willst, kann ich ja für Dich auch was arbeiten, dann kannst Du so lange schlafen. Ich mag so gerne, wenn Du uns Pfannkuchen machst, wie Du dann immer so lustig bist. Du kannst sie so hoch werfen, wie sonst keiner.
Du bist die beste Mama von der ganzen Welt!
Ich hab Dich lieb!

Einladung zum Portfolio-Elternabend – „Liebe Mama …“

Die Begrüßung

Die Eltern kommen zum Kindergarten. Jetzt ist der Moment, der zählt, um den ersten Eindruck positiv zu gestalten. Die Eltern sollten nicht irgendwo herumstehen, ohne eine Aufgabe oder einen Ablaufplan zu wissen. Denn sie haben sich von ihrer knappen Zeit mit der Familie/dem Partner etwas abgezweigt und wollen diese möglichst intensiv nutzen.

Ein Info-Elternabend muss gut organisiert und geplant sein.

Jede Mutter/jeder Vater bekommt ein Begrüßungsgetränk und soll sich in den vorbereiteten Raum begeben. Dort müssen die Eltern ihren Platz finden. Dieser ist durch ein Bild, ein Foto, einen Gegenstand markiert. Das kann ein vom Kind gemaltes Porträt der Mutter sein oder auch ein Gegenstand, der an das Kind erinnert. Je nach den Interessen der Kinder, der Familie und dem jeweiligen Thema der Kita zum Zeitpunkt des Elternabends. Haben die Eltern ihren Platz gefunden, tauschen sie sich gerne untereinander über ihre Erfahrungen aus, bis alle Eltern da sind.

Jetzt erst begrüßt die Erzieherin die Eltern formell. Sie stellt vor, warum man sich heute trifft: Um den Eltern zu zeigen, wie mit den Portfolios gearbeitet wird.

Erste Informationen

Zunächst erklärt die Erzieherin nur ein wenig Grundsätzliches über Portfolios. Das „Warum" und „Wie" sollen die Eltern erfahren und erleben.

Die Eltern werden aktiv

Nun erhält jeder der Teilnehmer eine Seite, die er ausfüllen soll. Zum Beispiel eine Seite über sich selbst, so wie sie die Kinder im Portfolio haben. Allerdings sollte die Seite auf Erwachsene zugeschnitten sein. Falls das Portfolio später einen Elternteil haben wird, kann es bereits die Seite über die Eltern sein, die später abgeheftet wird.

172 Kopiervorlage 11.36 ■ **Elternabend-Ich-Seite**

Name ______ Datum ______

Das bin ich!

Wenn mein Kind im Kindergarten ist, mache ich Folgendes:
Ich arbeite in einer großen Firma
im Büro.

Mein(e) Kind(er) heißt/heißen
Andreas
Melanie

Mit *Andrea* spiele ich am liebsten *Uno*.

Im Kindergarten finde ich gut: *Dass die Kinder so viel Platz haben und so viel rausgehen.*

Das würde ich ändern: *Die Kinder sollten nicht mehr ihre Becher und Teller spülen, lieber spielen.*

Wenn ich mal einen ganzen Tag „frei" hätte, würde ich: ______

Das kann ich besonders gut: *Stricken und Nähen.*

Das möchte ich *Andreas* lehren/beibringen, weil: *Ehrlichkeit, weil ich glaube, dass ehrliche Menschen glücklicher sind. Und kochen, damit er nie Hunger hat.*

Eine erste Elternseite

Eine andere Seite, die sich gut eignet, um Eltern einen Einblick in die Arbeit mit Portfolios zu geben, ist eine „Das will ich wissen"-Seite (siehe Kopiervorlage 11.11, Seite 147). Erwachsene müssen eine Weile überlegen, ehe ihnen einfällt, was sie gerne lernen möchten. Sie denken meist viel zu „groß", das heißt zu weit entfernt von täglichen Handgriffen. So werden dort Tätigkeiten stehen wie „Klavier spielen" oder „Tapezieren", vielleicht auch „Spanisch" oder „Surfen". Kaum ein Erwachsener kommt auf die Idee zu schreiben: „Wieso laufen Ameisen immer denselben Weg?" Die Erzieherin kann vor dem Ausfüllen des Blattes ein Spiel machen, bei dem die Eltern leicht an ihre Grenzen stoßen. Hierbei geht es darum, möglichst aus allen Bildungsbereichen eine Aufgabe zu erfüllen.

Wenn Eltern aktiv am Info-Abend teilnehmen, steigt ihr Interesse.

Übungsspiele für die Eltern (Beispiele)

- Musik: Gläser oder Flaschen so mit Wasser füllen, dass man darauf eine Tonleiter spielen kann.
- Kunst: Die Farben Orange und Grün aus den Grundfarben mischen.
- Sprache: Einen Vierzeiler mit dem Anfangsbuchstaben des eigenen Vornamens dichten.
- Bewegung: 15 Sekunden auf einem Bein stehen und dabei mit den Händen klatschen.

Im Anschluss daran wird gemeinsam reflektiert und besprochen, was die Eltern noch lernen möchten. Jetzt können sie das Blatt „Was will ich lernen" leichter ausfüllen, denn sie haben verstanden, worum es geht. Wichtig ist, dass jeder Vater und jede Mutter die Gelegenheit bekommt, sich zu äußern. Eventuell muss dafür die Gruppe geteilt werden, damit sich auch jeder traut und die Runde nicht zu lange dauert. Die Erfahrung der Reflexion ist für manch einen Erwachsenen neu und bereichernd. Jetzt verstehen die Eltern, wie Portfolios funktionieren, welches Gefühl ein Kind hat, das seine Tätigkeiten, Lernerfahrungen und Entwicklungsschritte dokumentiert und reflektiert.

Noch etwas Theorie

Die Erzieherin kann nun den Eltern erklären, wie genau mit den Portfolios gearbeitet wird, welche Regeln mit den Kindern gemeinsam aufgestellt wurden und wann und wie sich die Eltern einbringen können und sollen. Zum Abschluss der Informationen müssen die Eltern wissen, dass das Portfolio in erster Linie Eigentum der Kinder ist und nicht von fremden Personen eingesehen werden darf. So wird auch verhütet, dass private Informationen über die Familie weitergetragen werden können.

Termine vereinbaren

Bevor die Eltern nach Hause gehen, sollten sie noch den verbindlichen Termin für das erste Portfoliogespräch vereinbaren. Es ist wichtig, den Termin gleich festzumachen, damit die Erzieherinnen für alle Kinder gleichermaßen planen können. Das Gespräch wird dann bereits ein paar Tage vorher vorbereitet, und das Kind freut sich darauf, den Eltern sein Portfolio, seine Entwicklung und Lernerfolge zu zeigen.

Schon zum Jahresbeginn werden verbindliche Termine für Gespräche vereinbart.

Auch der Termin für eine Hospitation kann am Elternabend vereinbart werden. Denn wenn die Eltern gerade noch eifriges Interesse zeigen, ist es sinnvoll, sie gleich „festzunageln".

Übersicht Einführungselternabend Portfolioarbeit

- Die Einladung kann von den Kindern gestaltet werden. Ein Brief des Kindes an die Eltern spricht die emotionale Ebene an und weckt Interesse an der Mitarbeit.
- Die Eltern dürfen bei dem Treffen etwas tun, etwas ausprobieren, eigene Lern- und Entwicklungsschritte durchleben. Die Resultate werden aufgeklebt oder fotografiert. Die Eltern erzählen den anderen, welche Erfahrungen sie bei der Beschäftigung gemacht haben. Sind ihnen evtl. dabei noch neue Ideen eingefallen?
- Die Eltern füllen einen eigenen „Ich-Bogen" aus. So können sie feststellen, wie schwer es ist, über sich selbst etwas zu sagen, sich selbst darzustellen.
- Die Eltern erfahren während eines Spiels, das mehrere Bildungsbereiche anspricht, was sie selbst können und was noch nicht.
- Die Eltern werden über Datenschutz und Eigentumsrecht das Portfolio betreffend aufgeklärt.
- Mit den Eltern werden verbindliche Termine für Portfoliogespräche und Hospitationen vereinbart.

Eltern beim Elternabend

5.2 Die Kinder an das Portfolio heranführen

Nachdem sich das Team über die äußere und innere Form des Portfolios einig ist, festgelegt hat, wer für welche Kinder zuständig ist und wie die Arbeit an den Portfolios ablaufen soll, können die Erzieherinnen beginnen, die Kinder darauf vorzubereiten. Zunächst ist es wichtig zu entscheiden, welche Kinder beginnen. Für die erste Phase der Portfolioarbeit bietet es sich an, nur mit den älteren, den Vorschulkindern zu beginnen. Die Erzieherin hat noch keine praktische Erfahrung und wird sich mit dieser Altersgruppe etwas leichter tun, weil die Kinder sich schon wesentlich besser artikulieren und einbringen können als jüngere Kinder. Auf jeden Fall sollte zunächst nur eine Kleingruppe von etwa drei bis sechs Kindern ausgewählt werden. Sobald diese Kinder mit dem Portfolio vertraut sind, werden die übrigen Kinder von selbst Interesse zeigen, sodass später die Einführung des Portfolios wesentlich abgekürzt werden kann.

Am besten beginnt die Portfolioarbeit an einem der ersten Tage des Kindergartens für das Kind. Es erhält eine eigene Mappe oder einen Ordner, den es im Laufe der nächsten Zeit farbig gestalten kann. Vielleicht bekommt es die erste „Ich-Seite“ mit nach Hause, um mit den Eltern gemeinsam Größe, Gewicht usw. einzutragen.

Um den Kindern das Portfolio als solches zu erklären, kann auch ein eigener Begriff kreiert werden. Manchmal geschieht das durch die Erzieherin, oder aber die Kinder erfinden im Laufe der Zeit selbst ein neues Wort. Hier einige mögliche Beispiele:

- Kindergarten-Buch
- Lern-Buch
- Mein „Lisa-Ordner“ (nach dem Namen des Kindes)
- Kann-ich-Buch

Die Kinder benötigen keine lange theoretische Erklärung. Sie wollen praktisch herangehen. Daher sollte die Erzieherin bereits Vordrucke/Kopien zur Hand haben, die die Einführung optisch erleichtern. Anhand von Fotos kann sie verdeutlichen, dass der Lernfortschritt eines Kindes festgehalten werden soll:

- gemeinsam Fotos anschauen, die das Kind in verschiedenen Situationen zeigen
- aussuchen, welche Situation besonders wichtig ist
- dieses Foto auf ein Blatt kleben und die Situation erklären

Kinder brauchen keine theoretische Einführung, sie wollen sich praktisch einbringen.

Nun kommt der Ordner zum Zuge. Die Erzieherin erklärt mit einfachen Sätzen, wie ein Portfolio funktioniert: „Hier sammeln wir deine wichtigsten Erlebnisse. Wenn du etwas Neues weißt oder lernst, kannst du es auf einem Blatt festhalten und hier abheften. Ich werde dir dabei helfen.“

Regeln aufstellen

Um die Portfolios nicht zu beschädigen und den Datenschutz zu wahren, stellt die Gruppe ein paar Regeln auf. Zum Beispiel:

- Das Portfolio ist ein Buch über mich. Hier hebe ich auf, was ich gelernt habe, was ich kann und was ich weiß. So kann ich später sehen, wie ich das alles gelernt habe.

- Das Portfolio ist mein Eigentum; nur ich bestimme, wer hineinsehen darf.
- Die Portfolios der anderen Kinder darf ich nur ansehen, wenn ich vorher frage.
- Ich gehe sorgfältig mit dem Portfolio um und achte darauf, dass kein Blatt verloren geht.
- In das Portfolio hefte ich alles, was mir besonders wichtig ist.
- Bilder und Fundstücke, die ich gerade schön finde, kann ich in meiner Sammelschublade aufbewahren, sie kommen nicht ins Portfolio.
- In der Portfoliostunde kann ich meine Sammelschublade ausleeren und die wichtigsten Bilder und Blätter ins Portfolio abheften.

Klare Regeln sorgen für einen sinnvollen Umgang mit dem Portfolio.

Kinder können bald ihre Beiträge selbst einordnen.

Anhand der folgenden sieben Schritte (siehe auch Kopiervorlage 11.7, Seite 143), kann die Erzieherin die Kinder an den Umgang mit Portfolios heranführen:

1. Fotos ansehen, auswerten, erstes Blatt gestalten.
2. Ordner bekommen und gestalten.
3. Regeln aufstellen.
4. Erstes „Ich-Blatt“ gestalten, evtl. zu Hause.
5. Nach und nach weitere Möglichkeiten aufzeigen:
   - Lerngeschichten
   - Blätter nach vereinbarten Zielen gestalten
   - Kunstwerke
   - Fotos von Sammlungen
6. Den Kindern den Teil der Eltern erklären und ein Blatt für die Eltern mitgeben (sobald die Eltern in die Portfolioarbeit eingeführt sind).
7. Den Kindern den Teil des Kindergartens bzw. der Erzieherinnen erklären und eine erste Seite übergeben.

5.3 Altersentsprechende Portfolioarbeit

Portfolioarbeit ist immer möglich – Kinder beteiligen sich altersentsprechend daran.

„Können sich Dreijährige überhaupt vorstellen, was ein Portfolio ist?“, fragt sich die Erzieherin. „Nein!“, ist die eindeutige Antwort. Selbst als Erwachsener weiß nicht jeder, was ein Portfolio ist. Aber der Begriff ist ja zum Glück nicht ausschlaggebend, sondern der Inhalt und die Herangehensweise. Um die Kinder und auch die Erzieherinnen nicht zu überfordern, sollten die ersten Portfolios zunächst mit den älteren Kindern, also den Vorschulkindern mit etwa fünf bis sechs Jahren, begonnen werden. Erst wenn die Erzieherin eine gewisse Routine erlangt hat, die Zusammenhänge und Abläufe zum Alltag gehören, kann sie sich an die jüngeren Kinder „heranwagen“. Nun weiß sie besser, wie sie motivieren und erklären kann, welche Formulierungen notwendig sind.

Grundsätzlich lässt sich aber festhalten, dass Portfolioarbeit altersunabhängig ist, sofern sie gut begleitet wird. Das heißt, bei jüngeren Kindern hat die Erzieherin noch mehr zu leisten. Je älter die Kinder werden, desto selbstständiger können sie bei der Auswahl der Seiten mitarbeiten und schließlich auch ihre Lernziele selbst formulieren (das etwa ab 4,5 Jahren).

Der Umgang mit den Portfolios ändert sich auch mit dem Alter der Kinder. Die Jüngeren blättern gerne in den Ordnern, üben das Formulieren anhand der Bilder. Freuen sich, wenn sie sich wiedererkennen und sich an Situationen erinnern. Später, mit etwa drei bis vier Jahren, wollen die Kinder schon gerne selbst Seiten basteln und bemalen. Sie möchten erzählen und bitten die Erzieherin um Formulierungen, Geschichten und Fotos. Ab etwa fünf Jahren sollten die Kinder eigenständig Seiten erarbeiten dürfen. Spätestens mit dem Vorschulalter können sie sich Kopien der Blätter nehmen und selbstständig bebildern, erste Buchstaben oder Zahlen hineinschreiben. Wenn es das Budget der Tagesstätte zulässt, ist es hilfreich, noch einen Fotoapparat für die Kinder zu kaufen. Das muss nur ein einfaches Gerät sein, mit dem sich die Kinder aus ihrer Perspektive gegenseitig fotografieren. Diese Bilder bereichern die Portfolios ungemein.

Gegenseitige Beobachtungen schärfen die Wahrnehmung.

Portfoliogespräche

Auch die Gespräche mit den Kindern werden mit dem Alter intensiver. Nicht nur der Wortschatz erweitert sich ständig, sondern auch das Verständnis für den Umgang mit Portfolios. Zunächst üben die Kleinsten ihre Sprache anhand der Bilder und Geschichten. Sie zeigen auf sich, wenn sie sich wiedererkennen, und sagen ihren Namen. Das Erfolgserlebnis, das sie dabei haben, bereichert ihr Selbstwertgefühl. Die Erzieherin sollte demnach schon mit Kindern von etwa zwei Jahren an regelmäßig reflektieren. Zunächst erzählt die Erzieherin, fragt nach oder lässt das Kind etwas zeigen und dazu erzählen. Ab etwa drei, dreieinhalb Jahren sind Kinder fähig, sich genauer an Ereignisse zu erinnern, und genießen es, gemeinsam mit der Erzieherin darüber zu sprechen. Jetzt können Fragen gestellt werden:

Beim Portfoliogespräch erhält das Kind die absolute Aufmerksamkeit einer Erzieherin.

- Was hast du gemacht?
- Warum hast du es (so) gemacht?
- Wie hast du es getan?
- Wie kamst du auf diese Idee?

Die nächste Stufe des Reflexionsgespräches ist es, aus dem Gelernten, Erfahrenen oder Erlebten neue konkrete Ziele zu formulieren (siehe Kapitel 7.2 „Portfoliogespräche mit dem Kind“, Seite 105). Mit frühestens viereinhalb, fünf Jahren sind Kinder bereit dazu.

Kinder können sich selbst Lernziele setzen.

Außerdem kann die Erzieherin nun, nachdem sie die den momentanen Entwicklungsstand des Kindes genau kennt, seine Ziele und Wünsche weiß, selbst Lernziele für das Kind formulieren. Zum Beispiel schreibt sie sich auf: *Maja muss üben, ihren Teller selbst in die Spülmaschine zu räumen.* Oder: *Vincent soll lernen, seine Nase selbst zu putzen.* Diese Ziele für das Kind ordnet die Erzieherin ebenfalls im Portfolio ein. Sie dienen ihr als Gedächtnisstütze bei der Förderung der einzelnen Kinder. Denn niemand kann sämtliche Detailförderungsziele jedes einzelnen Kindes im Kopf behalten.

Um das Arbeiten mit Zielen altersgerecht zu erklären, kann die Erzieherin das Bild eines Läufers zur Hilfe nehmen, der den Wettlauf gewinnen will. Besonders eingängig ist es, wenn sie tatsächlich Skizzen oder Fotos von einem Läufer hat, der folgende Teilschritte erlebt:

- Der Läufer beschließt, am Wettlauf teilzunehmen = Das Kind beschließt, ein Portfolio anzulegen.
- Der Läufer will den Wettlauf gewinnen = Das Kind will lernen eine Schleife zu binden.
- Der Läufer beschließt, zunächst jeden Tag eine Stunde zu laufen, um länger durchzuhalten = Das Kind beschließt, zunächst einen Knoten zu lernen.
- Der Läufer übt jetzt mit einem Trainer, auf Zeit zu laufen = Das Kind lässt sich von jemanden die Schleife zeigen und übt sie.
- Der Läufer nimmt am Wettbewerb teil und rennt als Sieger durch das Ziel = Das Kind schafft eine erste Schleife ganz allein.
- Der Läufer hängt sich ein Foto, das ihn als Sieger zeigt, an die Wand = Das Kind klebt ein Foto von sich und der ersten Schleife in sein Portfolio.

Portfolioarbeit gehört bald für Kinder und Erzieherinnen zum Alltag.

Zusammenfassend lässt sich sagen, dass Portfolioarbeit in jedem Kindesalter möglich ist. Doch der Beitrag, den die Kinder aktiv leisten, wird mit zunehmendem Alter immer größer. Die Kinder sollten also immer einbezogen werden, wenn die Erzieherin die Portfolios sortiert, gestaltet oder bespricht – je älter sie werden, desto mehr. Portfolioarbeit muss in den Alltag integriert und darf nicht als separate, zusätzliche Aufgabe der Erzieherin gesehen werden, dann kann das Ergebnis für alle Beteiligten positiv sein.

Lerngeschichten und Briefe

Sehr beliebt bei Kindern jeden Alters sind Lerngeschichten und persönliche Briefe (siehe auch in Kapitel 4.1.5 „5. Schritt: Schulung des Teams“, Seite 72). Je nach Alter des Kindes kann die Erzieherin ihre Formulierungen gestalten. Sie kann schwierige oder einfache Wörter verwenden. Den eigenen Namen in einer Geschichte zu hören und sich darin wiederzuerkennen ist ein aufregendes Gefühl, das Stolz hervorruft.

Geschichten erzählen

Besonders im Rahmen der Vorschulerziehung kann die Erzieherin mit den Kinder „Geschichten spinnen“ und diese aufschreiben, damit sie später im Portfolio abgeheftet werden. Es gibt verschiedenste Einstiegsmöglichkeiten für solche Kindergeschichten:

Bilder, Fotos, Gegenstände zeigen. Das, was die Kinder sehen, soll in der Geschichte vorkommen. Die Erzieherin muss hier sicher ein oder zwei Beispiele bringen, um den Kindern verständlich zu machen, wie das Sprachspiel funktioniert. Am besten beginnt sie mit nur zwei Gegenständen oder einfachen Bildern (Bildkarten aus Spielen eignen sich gut). Gut ist es auch, einen Gegenstand zu wählen, wie einen Ball, und einen Ort, zum Beispiel eine Blumenwiese. So kann das Kind einfacher Assoziationen entwickeln. „Auf einer Wiese liegt ein Ball." Die Erzieherin hilft nach: „Warum liegt er da? Wer hat ihn dahin gelegt?" Das Kind: „Das war der Fuchs. Der war mit seinem Freund auf der Wiese und hat Ball gespielt. Aber da hat es angefangen zu regnen ..."

Mit etwas Übung kann jedes Kind eine kleine Geschichte erzählen.

Gespannt lauschen die Kinder den eigenen Geschichten.

Auch einfache Einstiegssätze können den Kindern den Weg in eine fantastische Geschichte weisen: „Die beiden Schnecken Franz und Fritz gehen auf der Straße spazieren." Ob sie daraus eine (fast) selbst erlebte Geschichte spinnen oder vollkommen frei erfinden, hängt vom Kind ab. Je nach Fantasie und Sprachfähigkeit wird es erzählen. Manch ein Kind strotzt nur so vor Fantasie, erzählt die wunderbarsten Geschichten, wenn es mit seinen Freunden spielt. In der Erzählsituation mit der Erzieherin oder im Kreis der Gruppe aber kommen die Wörter nicht über seine Lippen. Hier fehlt es am Selbstvertrauen. Die gestellte Aufgabe setzt das Kind unter einen gewissen Leistungsdruck, der ihm den Mut und die Lockerheit nimmt, seiner Fantasie freien Lauf zu lassen. Die Erzieherin muss einen Weg finden, dem Kind noch mehr Sicherheit zu geben, um ihm zu ermöglichen, auch vor ihr eine Geschichte zu erzählen.

Die Pädagoginnen schreiben die Geschichten der Kinder auf. Das geht besonders einfach, wenn sie das Erzählen mit einem Aufnahmegerät aufzeichnen. Dann müssen sie nicht so schnell schreiben oder ständig das Kind bremsen, wenn sie nicht mehr mitkommen. Sie können sich ganz auf das Erzählen und Zuhören konzentrieren. Als Aufnahmegerät eignet sich alles, was die Erzieherin gut abspielen und vor allem jederzeit stoppen und weiter abspielen kann. Besonders praktisch sind dafür digitale Diktiergeräte, weil das Erzählen zusätzlich auf CD gebrannt oder auf einem Stick oder einer Memory-Card gespeichert werden kann. Diese Dokumentation ist ein wunderbares Geschenk an die Kinder zum Abschluss der Kindergartenzeit.

Die Erzieherin schreibt also die Geschichten auf – von Hand oder mit dem Computer. Die Kinder können noch ein Bild dazu malen oder etwas aufkleben, wenn sie möchten. Nachdem nun alle Geschichten in der Gruppe vorgelesen wurden, dürfen die Kinder sie in ihr Portfolio heften.

6 Die alltägliche Portfolioarbeit

6 Die alltägliche Portfolioarbeit

6.1 Technische Hilfsmittel

Um mit moderner Technik umgehen zu können, braucht es nicht immer einen Einführungskurs. Oft genügt es schon, mit etwas Verstand und Zuversicht ans Werk zu gehen. Genauso, wie die Erzieherinnen es den Kindern vermitteln wollen, dürfen sie sich selbst an die Geräte wagen – mit Mut in die eigenen Fähigkeiten. Falls das nicht ausreicht, gibt es sicher eine freundliche Kollegin, die die Handhabung der Technik erklären kann. Das sichere Umgehen mit den technischen Geräten sollte aber sitzen, bevor es mit der Portfolioarbeit losgeht. Denn es gibt nichts Ärgerlicheres als technische Probleme, noch dazu wegen Unfähigkeit des Nutzers, wenn gerade ein Kind etwas ganz Besonderes zustande bringt, das unbedingt dokumentiert werden will. Das bedeutet auch, dass die technischen Geräte regelmäßig gewartet werden müssen, damit sie zuverlässig arbeiten. Demnach lohnt es sich, qualitativ hochwertigere Geräte anzuschaffen, damit sie wirklich, auch über längere Zeiträume, funktionieren.

Neben den kleinen technischen Hilfsmitteln, wie Tacker, Locher, Schneidemaschine oder Laminiergerät, sind besonders die digitalen Geräte eine wunderbare Errungenschaft der modernen Technik, um die Portfolioarbeit zu unterstützen.

Beginnend mit einfachen mechanischen Geräten, machen sich Kinder allmählich mit Technik vertraut.

Fotoapparat

Ein sehr wichtiges Hilfsmittel für die Portfolioarbeit ist der Fotoapparat. Eine vernünftige Digitalkamera gibt es schon für ein kleines Budget. Eine solche muss möglichst für jede Gruppe oder gar jede Portfolio-Ansprechpartnerin angeschafft werden.

Drucker

Dazu ist ein guter Drucker notwendig, evtl. ein spezieller Fotodrucker, der schnell und zuverlässig funktioniert. Bei größeren Mengen Fotos, die nicht sofort benötigt werden, empfiehlt es sich, Abzüge über das Internet oder direkt im Geschäft zu bestellen. Das geht schnell und ist sehr günstig.

Computer

Ein funktionstüchtiger Computer (PC oder Laptop ist egal, denn beide haben ihre Vor- und Nachteile) ist eine Grundvoraussetzung für zeitsparendes Arbeiten mit Portfolios. Die Erzieherinnen können Kopiervorlagen selbst herstellen, die ein professionelles und damit ansprechendes Layout erhalten. Beobachtungsbögen, Auswertungen und vieles andere kann getippt und übersichtlich zusammengestellt werden, ohne durch eine evtl. schlechte Handschrift unleserlich zu wirken. Sehr praktisch ist auch die Möglichkeit, Bilder auszuwerten und nur die wirklich benötigten zu drucken bzw. zu bestellen. Übers Internet können Informationen beschafft werden, die so schnell woanders kaum zu finden sind (siehe Kapitel 6.2 „Medien und Möglichkeiten zur Wissensbeschaffung“, Seite 96).

Diktiergerät, Audioplayer

Um die Stimmen der Kinder, ihre Musik und Geschichten aufzunehmen, reicht ein einfaches Aufnahmegerät. Besser sind aber Geräte, die es erlauben, Audioaufnahmen digital zu speichern. So können dem Portfolio CDs oder Chipkarten (SD) beigefügt werden, die nur wenig Platz benötigen. Auch ein Memorystick für jedes Kind lohnt sich als Anschaffung, um Platz für viele Daten zu haben.

Videokamera

Eine digitale Kamera, um die Kinder während einer Aktion zu filmen, ist im Kindergarten sehr praktisch. Für das Portfolio bieten kleine Filme oder Filmsequenzen eine große Bereicherung. Hier können Stimme, Mimik, Gestik und Ausstrahlung des Kindes eingefangen und so ein viel umfassenderer Eindruck festgehalten werden als bei einer Fotografie oder einem Text. Filme können wie Audioaufnahmen oder auch längere Fotodokumentationen auf CD, SD-Karte oder Memorystick gespeichert werden.

Speichermedien

Für die große Menge an Fotos, die in der Tagesstätte aufbewahrt werden müssen, bietet es sich an, eine externe Festplatte anzuschaffen. Nicht jeder Computer, insbesondere Laptops, besitzen ausreichend Speicherplatz. Um Kindern oder Eltern Daten mitzugeben, sind USB-Sticks oder die kleinen SD-Karten, die für Fotoapparate benutzt werden, sinnvoll. Auch müssen ausreichend CD-ROMs oder DVDs zur Verfügung stehen, um Daten, insbesondere Bilder, schnell weiterzugeben.

Es gibt viele verschiedene Möglichkeiten, digitale Daten zu speichern.

6.2 Medien und Möglichkeiten zur Wissensbeschaffung

Lexika

Bei all der modernen Technik sollten die traditionellen Informationsmedien nicht vergessen werden.

Ein gutes allgemeines Lexikon darf in keinem Kindergarten fehlen. Zusätzlich kann noch ein spezielles Kinderlexikon angeschafft werden. Die Erzieherin muss sich aber verschiedene Ausgaben genau ansehen, denn nicht jedes Kinderlexikon ist gleich sinnvoll. Manche sind so vereinfacht geschrieben, dass eigentlich keine vernünftige Erklärung zu finden ist. Andere wiederum wurden von Fachleuten formuliert, sodass nicht einmal Erwachsene verstehen, was da erklärt wird. Wichtig sind aber vor allem die Bilder. Sie sollten den Kinder helfen, ihr Wissen zu erweitern. Daher dürfen in einem Lexikon keine Fantasieillustrationen zu fachlichen Fragen beigefügt sein. Ob die Abbildungen gemalt, gezeichnet oder fotografiert sind, spielt keine Rolle. Sie sollten realistisch sein und altersgerechte Perspektiven aufweisen.

Atlanten und Globusse

Kinder lieben die Weltkugeln, besonders wenn sie von innen beleuchtet sind. Es ist sinnvoll, von Anfang ein einen stabilen und realistischen Globus zu kaufen. Die kindlich gestalteten Globusse mit lustigen Bildchen von Pinguinen und Kängurus sind nur vorübergehend interessant. Nach kurzer Zeit stellt sich aber heraus, dass sie die wahre Welt nur teilweise abbilden und unter dem Känguru eine Stadt verschwunden ist. Ist der Globus aber hochwertig und stabil, wird er den Kindern über viele Kindergartenjahre Freude bereiten und Wissenserfüllung bringen.

Atlanten sind ähnlich interessant und wichtig, um nachzuschlagen, wenn eine Frage auftaucht. Auch hier ist die Wahl zwischen dem Kinderatlas mit lustigen Bildchen und dem für Erwachsene schwierig. Ist das Budget klein und es kann nur ein Buch angeschafft werden, sollte sich die Erzieherin aber immer für das professionellere, also das für Erwachsene entscheiden. Denn hier findet sie die realen Gegebenheiten vor. Zusätzlich einen Kinderatlas anzuschaffen ist sinnvoll, weil die Kinder einfach gerne darin blättern und daraufhin Fragen stellen werden.

Ist das Thema „Länder, Kontinente“ bereits im Kindergarten aktuell, bietet es sich an, eine große Weltkarte anzuschaffen. Diese schafft Übersicht und beeindruckt allein durch die Größe. Der Preis muss nicht abschrecken – viele Kartendruckereien sind spendabel, wenn ein Kindergarten nachfragt. Oft gibt es auch Mängeldrucke, die genauso gut sind wie die normalen Karten, aber wesentlich billiger.

Bildbände

In vielen Regalen stehen sie und stauben ein. Die dicken Bücher mit vielen Bildern über Schiffe, Autos, Vögel, ferne Länder oder alte Handwerksberufe. Der Kindergarten sollte sich diesen Fundus zunutze machen und die Eltern direkt ansprechen, wenn Bedarf an solchen Büchern ist. Für Kinder sind sie ein wahrer Schatz, denn sie finden dort Details zu ihren Fragen, Anregungen zum Weiterdenken oder zum Umsetzen ihrer Ideen. Erzieherinnen sind sie eine Unterstützung bei der Beantwortung vieler Fragen oder als Kopiervorlage für Portfolioeinträge.

Bestimmungsbücher

Tiere und Pflanzen aller Art lassen sich auch von Kinderhand hervorragend in Bestimmungsbüchern suchen. Ob Käfer, Spinnen, Nadelbäume oder Fische, je nach Interesse und Lebensraum der Kinder wird so ein Buch eine große Bereicherung sein. Entdeckt ein Kind beim gemeinsamen Ausflug zum Beispiel einen Soldatenkäfer, kann es später eine Kopie aus dem Bestimmungsbuch in sein Portfolio abheften.

Internet

Keine Angst vor dem Internet! Hier finden Erzieherinnen und auch Kinder eine unglaubliche Vielfalt an Informationen. So schnell wie hier Wissenswertes in den Kindergarten geholte werden kann, lohnt es sich auf jeden Fall, das Internet für die Portfolioarbeit zu nutzen. Auch Bilder, Vorlagen, Lieder, Geschichten und Spiele lassen sich schnell und kostenlos aus dem Netz „ziehen“. Kindern schadet das stöbern auf kindgerechten Seiten und Suchmaschinen nicht, solange sie dabei betreut werden und die Zeit begrenzt ist.

Fernsehen und Radio

Im Fernsehen gibt es regelmäßig kindgerechte Wissenssendungen, aber auch Reportagen und Dokumentationen, die für die Wissensvermittlung geeignet sind. Warum nicht einmal ein kleines „Pantoffelkino“ einrichten, um mit den Kindern einen Film über das Leben der Biber anzusehen, wenn diese gerade Thema sind. Natürlich ist die lebendige Erfahrung immer der konservierten vorzuziehen. Doch gezielt herausgesuchte Sendungen können nicht schaden.

Mehr aber sollten die Erzieherinnen das Fernsehen für sich selbst nutzen. Wer kennt nicht „Die Sendung mit der Maus“? Hier und in einigen anderen Sendungen werden Fragen der Kinder einfach und ohne schwieriges Fachchinesisch beantwortet. Die Pädagogin kann sich hier also Antworten abholen, die sie sonst selbst oft mühsam erarbeiten und kindgerecht aufbereiten müsste.

Auch im Radio gibt es vernünftige Sendungen, die Wissenswertes vermitteln – egal ob es ein Feature über Tiere in der Stadt ist oder eine Reportage über den ersten Schultag. Wie das Fernsehen kann auch das Radio sowohl von den Kindern als auch von den Erzieherinnen selbst als Wissensquelle und Lernmotivator verwendet werden.

Menschen

Neben all den modernen technischen Möglichkeiten sollte nicht die Möglichkeit übersehen werden, andere Menschen zu befragen, um die Lösung eines Problems zu finden. Besonders ältere Menschen haben oft einen enormen Wissensschatz, den sie gerne an Kindergartenkinder weitergeben. Erzieherinnen können Vorbilder sein, wenn es darum geht, sich Informationen zu beschaffen. Sie können Kindern vermitteln, dass es möglich ist, den Schreiner in der Nebenstraße zu fragen, wie man herausfindet, wie alt ein Baum ist. Oder die Friseurin könnte erklären, wie schnell Haare wachsen. Überall um uns herum sind lebendige Lexika, die meist bereitwillig Auskunft geben und auch ihre Fähigkeiten und ihr (handwerkliches) Können zur Verfügung stellen.

6.3 Die Portfolioecke

Die Sammelkisten der Kinder sollten im Gruppenraum untergebracht werden, damit sie jederzeit erreichbar sind. Auch die Portfolioordner benötigen einen Platz, auf den die Kinder Zugriff haben, allerdings muss dieser sich nicht unmittelbar im Gruppenraum befinden. Es könnte etwa ein Regal in der Portfolioecke angebracht werden. Wichtig ist aber, dass niemand unbefugt an die Ordner herankommt. Stehen sie beispielsweise im Flur, könnten sich Eltern, die auf die Kinder warten, ein Portfolio nehmen und darin herumblättern. Darin befinden sich aber wichtige, sehr persönliche Informationen, die nicht jedermann einsehen darf. Bevor jedoch die Ordner in einem abgesperrten Schrank landen, sollten sich die Teammitglieder eine sinnvollere Lösung überlegen und auf jeden Fall alle Eltern (auch die unbeteiligten, deren Kinder evtl. noch kein Portfolio haben) über den Zugriff auf die Portfolios informieren.

Bei der Platzierung der Portfolioecke muss auch an den Datenschutz gedacht werden.

In jedem Kindergarten findet sich eine kleine Ecke, die als fester Platz für die Portfolioarbeit geeignet ist. Benötigt werden ein Tisch mit ein paar Stühlen und ein einfaches Regal, wo Materialien und Utensilien wie Papier in verschiedenen Farben und Formen, Kleber, Schere, Klebeband aufbewahrt werden. Diese Ecke sollte nicht als üblicher Maltisch dienen, um die Mappen besser sauber zu halten. Hier in der Portfolioecke wird einsortiert, eingeklebt und zusammen angeschaut. Da sich hierzu die

Kinder gerne allein oder in kleiner Gruppe zurückziehen, kann der Platz auch in einem Flur oder Vorraum eingerichtet werden. Wenn an der Wand Bilder aufgehängt oder die Wände farbig gestrichen werden, die Sitzgelegenheiten gemütlich sind, ist diese Ecke bald ein beliebter Platz.

Portfolioecke im Kindergarten Söcking

Eine Bereicherung für die Kinder ist es, wenn es auch den Eltern ermöglicht wird, mit ihnen in der Einrichtung am Portfolio zu arbeiten. Nicht jede Mutter muss immer zur Arbeit, nicht jeder Vater hat nie Zeit. So ist es gut möglich, sich gelegentlich etwas früher, vor dem Abholen, in der Portfolioecke zu treffen, um noch eine Familienseite anzufertigen oder dem Kind beim Erstellen einer eigenen Seite über die Schulter zu sehen. Für die Eltern ist es eine neue Erfahrung, ihr Kind in seiner vertrauten Umgebung so selbstständig arbeiten zu sehen. Und dem Kind gibt es das Gefühl, von den Eltern ernst und wichtig genommen zu werden – manchmal sogar, überhaupt wahrgenommen zu werden.

So seltsam es klingen mag: Kaffee wirkt verlockend. Viele Eltern sind nach der Arbeit müde, wenn sie ihr Kind abholen, und wollen heim, sich hinsetzen, einen Kaffee trinken oder einen Tee ... Genau da kann das Kindergarten-Team ansetzen:

Im Flur eine einfache Kaffeemaschine oder Thermoskanne mit Kaffee aufzustellen, dazu ein paar Tassen, Milch und Zucker, ist nicht sehr aufwendig. Ein Sparschwein sammelt den Unkostenbeitrag für das Getränk ein. Vielleicht dürfen die Eltern auch in der Küche Kaffee holen – dort, wenn genug Platz ist, lässt sich eine Eltern-Kind-Ecke einrichten, die für kurze Eltern-Erzieher-Gespräche ebenfalls einladend wirkt. Mit etwas Fantasie und Engagement lässt sich auch ohne großes Budget und mit wenig Platz eine gemütliche und praktische Portfolioecke schaffen. Und je vielseitiger diese zu nutzen ist, desto mehr hat sich die Investition von Zeit und Geld gelohnt.

6.4 Zeitpunkt der Portfolioarbeit

Portfolioarbeit findet im Alltag statt, aber auch bei besonderen Ereignissen und Aktivitäten.

Natürlich findet Portfolioarbeit rund um die Uhr statt. Denn die Kinder entwickeln sich ständig weiter. Doch um gezielt an der Portfoliomappe zu arbeiten, ist es sinnvoll, feste Zeiten einzurichten. So können zum Beispiel im Kindergarten immer freitags, nach dem Frühstück von 10.30 Uhr bis zum Aufräumen um 11.30 Uhr die Kinder mit einer Erzieherin in der Portfolioecke zusammensitzen und an ihrer Mappe arbeiten. Außerdem sollte für jedes Kind die Möglichkeit bestehen, allein mit einer Erzieherin zu sprechen und zu entscheiden, was in die Mappe eingeordnet werden soll. Es empfiehlt sich daher, Gruppen einzuteilen, damit nicht alle Kinder auf einmal mit der Erzieherin sprechen wollen.

Gemeinsam am Portfolio zu arbeiten macht Spaß!

Zusätzlich kann in regelmäßigen Abständen (mindestens einmal im Halbjahr) mit jedem einzelnen Kind ein Termin vereinbart werden, in dem die Erzieherin mit ihm das gesamte Portfolio durchsieht, entdeckt, was es Neues gibt, welche Entwicklung das Kind durchlebt hat usw. Das Kind sucht sich dabei die Seiten heraus, die ihm besonders wichtig sind, um sie im Anschluss daran, etwa am nächsten Tag, seinen Eltern in einem gemeinsamen Gespräch zu präsentieren. Je nachdem, ob die Eltern aktiv an der Portfolioarbeit teilnehmen, indem sie den Elternteil regelmäßig aktualisieren, oder ob sie nur passive Nutznießer des Portfolios sind, sollten die Abstände zwischen den Gesprächen länger oder kürzer sein.

6.5 Auswahl der Beiträge für das Portfolio

Beiträge des Kindes

Nicht alle Bilder, die schön sind, können im Portfolio abgeheftet werden, genauso wenig wie sämtliche Fotos und Beobachtungsbögen. Die Erzieherin, die das jeweilige Kind in der Portfolioarbeit betreut, hat die Aufgabe, das Auswählen zu unterstützen. Zunächst wird sie selbst lernen müssen, welche Beobachtungsbögen, Lerngeschichten und Kommentare wirklich wichtig für die Dokumentation der Entwicklung des Kindes sind. Folgende Kriterien können schließlich beim Sortieren der Kinderbeiträge helfen:

- Etwas neu Gelerntes/neu Erfahrenes
- Eine gemalte Beobachtung, die so noch nicht dokumentiert ist
- Das Erreichen eines angestrebten Ziels
- Eine Tätigkeit oder Fähigkeit, die für das Kind ein besonderer Entwicklungsschritt ist
- Geschichten, die das Kind sich ausgedacht hat und die von der Erzieherin oder Mutter/Vater aufgeschrieben wurden.

Wöchentlich sollte eine feste Zeit zum Einsortieren der Beiträge festgelegt werden.

Das Einsortieren kann jeden Tag geschehen, wenn das Kind sich den Ordner selbst holt. Einmal pro Woche gibt es aber die Möglichkeit, mit der Erzieherin in der Gruppe oder der Portfolioecke am Portfolio zu arbeiten. Hier ist die Erzieherin greifbar und kann jederzeit helfen. Das Kind sollte möglichst selbst entscheiden, welcher Beitrag eingeordnet wird, und erklären, warum. Während des Gesprächs erfährt die Erzieherin wichtige Hintergründe über die Selbsteinschätzung des Kindes in Bezug auf sein Lernen und Erleben. Wie sieht es selbst seine Lernsituation? Empfindet es die Fortschritte als Erfolgserlebnisse oder nimmt es diese einfach hin? Setzt es sich sofort neue Ziele, die es im Anschluss erreichen will, oder ist es zufrieden mit sich, so wie es im Moment ist? Diese Kommentare sind wichtige Informationen, die unbedingt festgehalten werden sollten. Sie können auf einem gesonderten Blatt festgehalten werden, das wiederum ins Portfolio, zum Beispiel in den Teil der Erzieherin, geheftet wird.

Die wöchentliche Portfoliostunde hilft auch der Erzieherin den Überblick zu behalten. Sie kann sehen, wer welche Einträge hat, wo noch wenig Mitarbeit ist und wo sie selbst noch einen Beitrag bringen sollte. Auch hilft die Regelmäßigkeit, eine gewisse Routine hineinzubringen und die Beiträge nicht übermäßig anzusammeln.

Beiträge der Erzieherin

Im Laufe des Jahres trägt auch die Erzieherin allerhand über das Kind zusammen. Sie muss selbst genau wählen, was davon sinnvollerweise ins Portfolio kommen soll.

- Beobachtung
  - Zusammenfassungen/Auswertungen
  - Daraus resultierende weitere Beobachtungsziele
- Eingewöhnungsbericht
- Briefe an das Kind
  - In regelmäßigen Abständen, etwa vierteljährlich
  - Lerngeschichten
  - Situationsbedingt, aber möglichst auch vierteljährlich

- „Ich-Seite“ der Erzieherin
  - Jede Bezugserzieherin bzw. betreuende Person sollte eine eigene Seite für das Kind gestalten
- Berichte über besondere Ereignisse in der Kita (Sommerfest, Laternenumzug usw.)

Beiträge der Eltern

Die Erzieherin muss ein Auge auf den Elternpart haben – denn in ihrer Freude über die positive kindliche Entwicklung könnten die Eltern unreflektiert allerhand Papier zusammentragen. Andererseits vergessen manche Eltern, überhaupt etwas einzutragen. Das wiederum ist für das jeweilige Kind sehr enttäuschend und sollte unbedingt vermieden werden. Hier muss die Erzieherin schnell sein, eingreifen und motivieren.

Vielen Eltern hilft es, ein paar Vordrucke zu erhalten, um überhaupt eine Vorstellung zu bekommen, was sie schreiben sollen. Ein gut formulierter Elternbrief mit kurzen Anleitungen und Anregungen kann zusätzlich verteilt werden.

- Ich-Seiten
  - Die Familie stellt sich vor – bei Veränderungen, etwa einem Geschwisterkind, kann eine neue Seite folgen
- Briefe
  - Über neue Wortschöpfungen, neues Wissen oder neu Gelerntes
- Lerngeschichten
  - Wenn das Kind zu Hause etwas gelernt hat
- Besondere Ereignisse
  - Ausgewertet nach dem Kriterium: „Zeigt eine Entwicklung des Kindes“
- Fotodokumentationen mit persönlichen Anmerkungen
- Sprüche, neue Wörter und lustige Anekdoten

Wichtig ist, dass die Eltern dabei das Kind als Mittelpunkt sehen. Nicht der Familienurlaub ist interessant für das Portfolio, sondern die neuen Erkenntnisse und Entwicklungsschritte des Kindes während der Ferien.

Ein Ausflug in die Ameisenabteilung eines Museums

7 Auswertung und Reflexion

7 Auswertung und Reflexion

7.1 Reflektieren

„Reicht es nicht, mit Kindern zielgerichtet zu arbeiten? Ich weiß nicht, woher ich die Zeit nehmen soll, nach einem Angebot oder einer Beschäftigung auch noch mit den Kindern darüber zu sprechen." So die zweifelnde und offenbar resignierte Meinung einer Erzieherin. Bevor ein Erwachsener beginnen kann, Kinder zum Reflektieren zu ermuntern, muss er selbst wissen, was der Begriff Reflexion überhaupt bedeutet.

Ohne (Selbst-) Reflexion verliert jede Handlung an Bedeutung.

Reflexion ist das Substantiv von Reflektieren, das ganz einfach ein anderes Wort für „Nachdenken" ist. Reflexion ist demnach das Nachdenken über etwas. Erzieherinnen sollen nachdenken können – ist es so einfach?
Im pädagogischen Bereich steht Reflektieren für gezieltes Nachdenken über eine Handlung, eine Tat, eine Gegebenheit, eine Erfahrung, aber auch ein Gefühl oder einen Zustand. Pädagogen müssen selbst fähig sein, ihr Tun, ihr Handeln und auch ihr Sprechen zu reflektieren. Sie sollen hinterher darüber nachdenken, was sie gerade getan haben, wie sie es taten und ob der Effekt eingetroffen ist, den sie sich gewünscht haben. Das setzt natürlich voraus, dass sie vorher darüber nachdachten, welchen Effekt sie erreichen wollten. Reflexion ist also insbesondere dann effektiv, wenn eine gezielte Planung stattfindet.

Übertragen auf die Kinder bedeutet es, dass sie sich ein Ziel setzen – „Ich möchte ein Schiff malen." Anschließend versuchen sie, dieses Ziel zu erreichen. Gleich nach der Ausführung, also dem Zeichnen, sprechen sie über die Erfahrung: „Ich habe versucht ein Schiff zu malen. Am schwersten war es, die Segel zu malen. Und dann habe ich alles ausgemalt, das hat ganz schön lange gedauert. Mir gefällt mein Schiff. Aber eigentlich möchte ich es noch besser können. Es soll ein richtiges Piratenschiff werden." Das Kind hat festgestellt, was ihm leicht- oder schwerfiel und dass es sein Ziel noch nicht ganz erreicht hat. Es setzt sich ein neues Ziel: „Morgen male ich das Piratenschiff."

Mit dem Reflektieren wird Handlung offensichtlich. Kleine Erfolge, wie die gelungenen Segel beim Schiff, führen zu einem positiven Gefühl, das wiederum dazu antreibt, seine Leistung noch mehr zu steigern. Reflexion ermöglicht auch, sich Hilfe zu holen, wo sie nötig ist. „Beim nächsten Versuch musst du mir zeigen, wie es geht."

Ziele des Reflektierens

- Bewusstmachen des Lernweges und Lernfortschrittes.
  - Steigerung der Selbstsicherheit
- Entwicklungen sichtbar machen.
  - Sich selbst als älter, weiter entwickelt erkennen.
- Positive Einstellung zum Lernen.
  - Kurze Zielstrecken abstecken – baldige und reichliche Erfolgserlebnisse.
- Erkennen, wo Unterstützung, Hilfe benötigt wird und was schon ganz selbstständig erreicht werden kann.

7.2 Portfoliogespräch mit dem Kind

Beim Gespräch mit dem Kind anhand des Portfolios wird gemeinsam reflektiert.

Schon bei der Auswahl der Beiträge für das Portfolio findet eine Reflexion des Erlebten und Gelernten statt (siehe Kapitel 6.5 „Auswahl der Beiträge für das Portfolio“, Seite 101 f.). Spätestens beim gemeinsamen Portfoliogespräch zwischen der betreuenden Erzieherin und dem jeweiligen Kind, werden Entwicklungen erkannt und ausgesprochen. Das Kind sieht, wie es auf den Fotos eine Schere in der Hand hält, und stellt fest: „Schau, da hab ich das erste Mal einen Kreis geschafft.“ Es erinnert sich an das positive Gefühl des Erfolges, als es sein angestrebtes Ziel, nämlich einen Kreis auszuschneiden, erreicht hat. Jetzt ist es an der Erzieherin, zu beobachten, wie das Kind mit dem Gelernten umgeht. Kann es daraus einen Nutzen ziehen, möchte es weiter daran arbeiten, vielleicht nun schon alleine eine Blume ausschneiden oder eine Collage anfertigen? Die Erzieherin kann motivieren, sollte aber keine neuen Ziele vorwegnehmen. Das Kind wird sich selbst entscheiden, was es als Nächstes Lernen will. Dann kann es dafür einen Bogen ausfüllen („Das will ich können“, siehe Kopiervorlage 11.31, Seite 167) und in sein Portfolio abheften.

Beispiel

Lea, fünf Jahre, liebt es, Perlen aufzufädeln. Begonnen hatte sie mit großen Holzperlen, als sie fast vier Jahre alt war. Inzwischen schafft sie schon, feinste Glasperlen auf Nylonschnüre zu reihen. Im Portfolio befindet sich ein Foto der Kette, die Lea ihrer Mutter zum Geburtstag geschenkt hat. Stolz erzählt sie der Erzieherin: „Da hab ich Mamas Lieblingsfarben rausgesucht: Rosa und Rot und Gelb. Und ich habe die Kette so lang gemacht, bis keine Perlen mehr da waren. Das hat ganz schön lange gedauert. Mama muss die Kette über ihren Kopf ziehen, weil wir hatten keinen Verschließer mehr.“

Die Erzieherin fragt: „Wie hast du die Kette verschlossen?“

„Mit einem Knoten. Den hat der Alex mir gemacht. Der ist schon sechs. Der kann richtig gute Knoten, die gehen nicht mehr auf. Ich mag auch Knoten können. Dann hab ich die ganze Kette allein gemacht.“

Die Erzieherin ermuntert Lea, ein Blatt zu gestalten:

„Das will ich lernen: Feste Knoten machen“

Und sie überlegen gemeinsam, wie Lea ihr Ziel erreichen könnte. Schnell sind sie sich einig, dass jemand Lea zeigen muss, wie gute Knoten zu machen sind. Lea schlägt vor: „Der Alex, der kann es mir zeigen.“

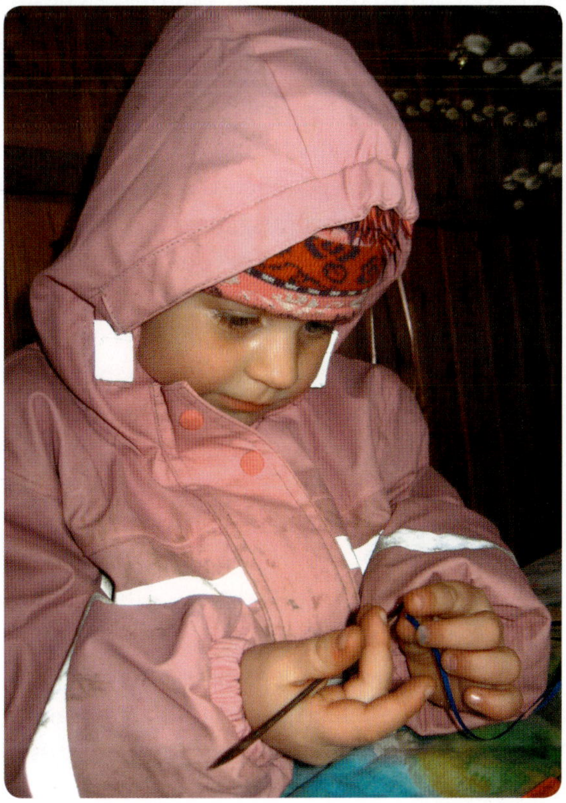

Das Kind verfolgt sein Ziel.

Allein durch die Aufmerksamkeit der Erzieherin und das Interesse am Portfolio steigt das Selbstwertgefühl des Kindes.

Im Gespräch kann das Kind üben, Gefühle auszudrücken. Wie ist es, wenn etwas nicht klappt, oder wie geht es mir, wenn ich etwas Neues lerne und stolz darauf bin? Die persönliche Zuwendung der Erzieherin während des Portfoliogesprächs hilft, Ängste zu offenbaren oder Wünsche zu äußern.

Am Ende des Gesprächs kann sich das Kind gemeinsam mit der Erzieherin für einige Seiten aus dem Portfolio entscheiden, die es im späteren Gespräch mit den Eltern zeigen will. Indem das Kind selbst seine Leistungen, Steigerungen und Entwicklungsschritte überblickt und die persönlichen „Highlights" herauspickt, steigt sein Selbstwertgefühl und es findet einen Ansatzpunkt, um den Eltern im gemeinsamen Gespräch stolz zu vermitteln, was es in der letzten Zeit alles erlebt und gelernt hat.

7.3 Elterngespräche mithilfe der Portfolios

Elterngespräche finden immer noch meist ohne Kinder statt. Oft erscheint nur ein Elternteil und unterhält sich mit einer Erzieherin über das Kind. Es wird erzählt, welche Entwicklung das Kind in der Zeit seit dem letzten Gespräch durchlaufen hat und welche Stärken und Schwächen es hat. Auch wenn Konzeptionen und Bildungspläne anderes belegen und fordern, sind Elterngespräche in der Realität meist Problemgespräche. Im Alltag sieht es oft so aus:

> *Die Erzieherin möchte einen Termin ausmachen, um sich mit den Eltern zu unterhalten, und die Mutter fragt: „Gibt es denn Probleme mit meinem Kind?" Ein Nein der Erzieherin kommt oft einer Absage des Gesprächs gleich.*

Liegt der Schwerpunkt von Eltern-Erzieherinnen-Gesprächen auf der Problembehandlung, werden die positiven Seiten des Kindes, seine Entwicklungsfortschritte und Lernfähigkeiten oft übersehen. Das Kind fällt negativ auf, müsste anderweitig gefördert werden, Ursachen werden gesucht, Lösungsmöglichkeiten durchgesprochen. Hier fehlt es noch an einer positiven Grundhaltung dem Kind und der pädagogischen Arbeit gegenüber. Die Erzieherin muss ihren Ansatz überdenken und versuchen, das Kind zum Ausgangspunkt ihres Handelns zu nehmen. Die Eltern sollten sich überlegen, was ihnen bei der Erziehung und Bildung ihres Kindes wirklich wichtig ist und wie ihre Grundhaltung zur Persönlichkeit ihres Kindes aussieht.

Portfolios unterstützen das Entwicklungsgespräch – sie sind die Basis.

Mit Einführung der Portfolioarbeit haben sich Pädagoginnen, Eltern und Kinder auf eine neue Methode eingelassen, die das Kind als Impulsgeber sieht. Hier geht es nicht mehr um Fehler, Mängel und Störungen, sondern um Fortschritte, Entwicklungen und die Freude des Kindes am täglichen Tun. Auf dieser Basis können Elterngespräche konstruktiv geführt werden.

Sinnvoll ist es, die Kinder direkt miteinzubeziehen. Die Erzieherin kann in einem Vorgespräch mit dem Kind absprechen, welche Seiten seiner Mappe es zeigen möchte. Am Gesprächstermin, der am besten schon zu Jahresbeginn (oder an einem der Portfolio-Info-Elternabende) verbindlich festgelegt wird, darf es dann in gemütlicher Runde seine Lieblingsseiten zeigen. So entsteht eine Gesprächsgrundlage, auf die Erzieherin und Eltern aufbauen können.

Die Erzieherin hat nun die Aufgabe, den Eltern nahezubringen, wie wichtig ihre aktive Teilnahme an der Entwicklungsgeschichte des Kindes ist. Mit Einführung der Bildungspläne hat bereits bei einigen Eltern ein Umdenken stattgefunden. Das Wort „Bildung" spielt dabei eine große Rolle. Wie ein Statussymbol wird es von einigen Eltern als Wohlstands-Muss empfunden, seinen Kindern gute Bildung angedeihen zu lassen. Auch wenn dieser Ansatz nicht wirklich im Sinne der Pädagogen ist, nutzt es letztendlich dem Ziel der Kooperationsbereitschaft von Eltern gegenüber dem Kindergarten und dem Engagement für ihr Kind.

7.4 Teamabsprachen über die Kinder

Auch bei Fallbesprechungen und allgemeinem Austausch über die Kinder im Team liefert das Portfolio eine sachliche Basis. Es steht wie ein Platzhalter für das Kind, bietet eine positive Gesprächsgrundlage für den Austausch und die Suche nach weiteren Förder- und Fordermöglichkeiten.

Fallbesprechungen innerhalb eines Kindergartens können regelmäßig reihum über jedes Kind stattfinden. Zeitlich ist das jedoch selten möglich. Daher hat es sich als praktischer erwiesen, Kinder im Team vorzustellen, deren Entwicklung oder Lernprozess in irgendeiner Weise besondere Aufmerksamkeit erfordern. Die betreuende Person äußert ihre Eindrücke, formuliert Fragen oder Hilfestellungen. Das Team, das das Kind normalerweise ebenfalls kennt, ergänzt die Beobachtungen soweit möglich mit eigenen Eindrücken. Zusätzlich werden schriftliche Beobachtungen zu Hilfe genommen: Auch Zeichnungen des Kindes oder Bastelarbeiten sind Grundlagen für Fallgespräche im Team. Im Anschluss wertet das Team aus:

- Welchen Eindruck haben wir von dem Kind, das Problem betreffend?
- Welche Ursachen kann das Problem haben?
- Wie hat sich die betreffende Erzieherin in der entsprechenden Situation verhalten? Wie geht sie mit dem Kind um?

Zum Schluss einigt sich das Team auf die zukünftige Vorgehensweise:

- Wer kann etwas für das Kind tun?
- Was kann derjenige tun?
- Wann macht er es?
- Wer kann noch helfen, die betreuende Person und das Kind zu unterstützen?

Der Nachteil dieser Methode liegt auf der Hand: Erst wenn ein Kind auffällt, wird es zum „Fall" des Teams. Von vornherein stehen die Probleme – negatives Verhalten, stagnierende Entwicklung und Ähnliches – im Vordergrund des Gesprächs. Kinder die „brav" sind, gut in der Gruppe integriert und sich „normal" entwickeln, „laufen mit"; sie scheinen der Erzieherin nicht wert, genauer hinzusehen. Dieses System führt einerseits dazu, dass Kinder sehr einseitig bewertet und in „Schubladen gesteckt" werden können, andererseits etabliert es ein negatives Konditionieren – denn wer negativ auffällt, wird durch Aufmerksamkeit belohnt.

Fallbesprechungen können durch Portfolios der Kinder konkreter werden.

Regelmäßige Teambesprechungen anhand von Portfolios können dem entgegenwirken. Durch den Leitfaden „Portfolio" wird das gesamte Kind betrachtet, sowohl positive wie auch stagnierende oder negative Entwicklungen. Die übersichtliche Handhabung des Portfolios hilft dabei, zeitlich im Rahmen zu bleiben, sodass mit ein wenig Übung des Teams bald alle Kinder in den Fallbesprechungen auftauchen können – wenn auch nur kurz. Natürlich müssen Teamabsprachen auch weiterhin stattfinden, wenn ein Kind tatsächlich Probleme hat. Doch mit Hilfe der Portfolios ändert sich der Blickwinkel auf die Kinder und ihre Entwicklung.

7.5 Zusammenarbeit mit Fachberatungen und Therapeuten

Portfolios dürfen nicht ohne die schriftliche Einwilligung der Eltern des jeweiligen Kindes Personen außerhalb des Kindergarten-Teams gezeigt werden. Es befinden sich meist sehr persönliche Daten darin, die einen tiefen Einblick in die Seele des Kindes, aber auch die familiäre Situation geben können. Besonders, wenn das Portfolio über einen Elternabschnitt verfügt, wird es vielen Familien unangenehm, fremden Personen Einblick zu gewähren. Sie fühlen sich damit eventuell zur Schau gestellt. Da es fast unmöglich ist, anonym mit Fachberatungen, Psychologen sowie ähnlichen Institutionen und Personen zu sprechen, wenn es um die Fördermöglichkeiten für ein bestimmtes Kind geht, sollten die Eltern also unbedingt mit in die Gespräche eingebunden werden. Wenn ihnen bewusst gemacht wird, wie wichtig der Einblick in das Portfolio für die Zusammenarbeit ist, stimmen sie in den meisten Fällen zu.

Beim Gespräch mit Therapeuten hilft das Portfolio, die Sicht des Kindes darzustellen.

Tatsächlich können Therapeuten mithilfe des Portfolios einen zusätzlichen und oft sehr umfassenden Einblick in die Entwicklung des Kindes gewinnen und damit ein schnelleres und gezielteres Therapieangebot erstellen. Wenn sie auf die Beobachtungsergebnisse des Kindergartens Zugriff haben, aber auch die persönlichen Bereiche des Kindes sehen, können sie von verschiedenen Blickwinkeln her auswerten und dadurch besser einschätzen, wie sie dem Kind helfen sollten. Dabei ist es sinnvoll, das Portofolio gemeinsam zu betrachten. So könnte beispielsweise die Psychologin am Portfoliogespräch des Kindes mit den Eltern und der Erzieherin teilnehmen. Dabei lassen sich viele Details beobachten, die beim reinen Lesen und durchsehen des Ordners oder dem Einzeltreffen mit dem Kind nicht zu erkennen wären. Wie artikuliert sich das Kind, wenn es um die eigenen Leistungen geht? Wie stellt es sich selbst gegenüber den Eltern, Erzieherinnen oder ihm fremden Personen dar?

Auch bei einer Besprechung ohne das Kind kann das Portfolio als Gesprächsgrundlage dienen, um dem Therapeuten das Problem des Kindes vorzustellen. Evtl. dient es auch dem näheren Kennenlernen des Kindes, nachdem der Therapeut es bereits persönlich erlebt hatte. Das Portfolio ist also eine zusätzliche Unterstützung zur Förderung des Kindes, weil es dessen Entwicklung und Persönlichkeit dokumentiert.

7.6 Kooperation mit der Grundschule

Portfolios können Übergänge erleichtern, wenn alle Beteiligten dasselbe Ziel verfolgen.

Der Übertritt vom Kindergarten zur Grundschule ist leider immer noch für viele Kinder ein Schock. Zu wenig gemeinsame Vorbereitung findet statt, zu selten werden die Kinder auch psychisch und mental auf die bevorstehende Neuerung in ihrem Leben vorbereitet. Denn Schule heißt nicht nur Rechnen und Schreiben. Es bedeutet, auf sich selbst gestellt sein, sich selbst zurechtfinden müssen. Allein auf eine fremde Toilette gehen, sich merken, wo das Klassenzimmer ist, wie die Lehrerin und die anderen Kinder heißen und wo die Schuhe und die Jacke aufgeräumt werden. Und dann sitzt das Kind plötzlich zwischen 25 Kindern und soll still sein und zuhören. Egal ob die Sonne scheint oder es schneit. Und wenn eine Fliege vorbeibrummt, darf es nicht hinterherlaufen, um sie zu fangen. Schule ist für fünf-, sechsjährige Anfänger eine gewaltige Umstellung, die sie gezwungenermaßen irgendwie meistern – es bleibt ihnen ja nichts anderes übrig. Natürlich gibt es auch die Kinder, die sich seit Monaten darauf freuen, endlich lesen zu lernen und dazuzugehören. Doch selbst die staunen schließlich über die große Herausforderung des Schulalltags samt Hausaufgaben.

Kindergarten und Schule sind aufgefordert, Kinder beim Übergang zu unterstützen. Das geschieht durch viele kleine gemeinsame Veranstaltungen, Treffen und Aktionen:

- gemeinsame Feste und Feiern
- gemeinsame Ausflüge
- Besuch des Schulhofs in der Pause
- Schnupperschulstunde
- Schule spielen in der Schule
- Kochen in der Schulküche
- Turnen in der Turnhalle gemeinsam mit einer ersten Klasse
- Hospitieren im Unterricht
- Besuch des Kindergartens durch Lehrer und Schüler
- gemeinsame Projekttage

Letztendlich hilft auch die Arbeit an den Portfolios bei der Erleichterung des Übergangs in diesen neuen Lebens- und Entwicklungsabschnitt. Schon das Erstellen der einzelnen Blätter ist gezielte Vorbereitung auf die Schule, denn auch dort werden die Kinder Arbeitsblätter ausfüllen.
Folgende Fertigkeiten, die von der Schule verlangt werden, üben die Kinder bereits bei der Arbeit mit dem Portfolio:

- konkrete Fragen stellen
- Lösungswege erarbeiten
- Ziele formulieren
- Mut zum Lernen finden
- das Lernen lernen – vor allem das eigene Lernen
- im Auswertungsgespräch bestimmte Inhalte erkennen und formulieren („Ich habe gelernt, eine Schleife zu binden.")
- sprachliche Kompetenzen
- feinmotorische Schulung beim Erstellen der Blätter und benutzen des Ordners
- soziale Kompetenzen im Umgang mit den Portfolios der anderen Kinder

Die Schulanmeldung

Der für die Kinder oft sehr aufregende Tag der Schulanmeldung oder Schuleinschreibung wird in jeder Schule etwas anders gestaltet. In manchen Bundesländern müssen nur die Eltern in der Schule einen Anmeldebogen ausfüllen. Woanders aber finden kurze Probeschulstunden statt, bei denen die Kinder von mehreren Lehrern genau auf ihre Schulreife hin beobachtet werden. Mancherorts gibt es sogenannte „Screenings“, bei denen Lehrer in Gesprächen und mit kurzen Tests herausfinden wollen, ob das Kind in seiner Entwicklung fortgeschritten genug ist, um die Schule besuchen zu dürfen. Leider ist es in der Realität eben immer noch so, dass Kinder schulreif, besser noch „leistungsdruck- und lehrerreif“ werden müssen und nicht die Schulen und Lehrer sich auf die Kinder einstellen. Mit den kurzen „Prüfungen“ und Beobachtungen können keinesfalls komplette Entwicklungs- und Lerngeschichten der einzelnen Kinder abgerufen und erkannt werden. Was, wenn ein Kind am Tag der Einschreibung gerade noch Bauchweh und daher „einen schlechten Tag“ hatte? Ist es dann nicht schulreif, weil es sich ausgerechnet heute nicht ganz so gut konzentrieren kann?

Noch immer gibt es Testverfahren, um die Schulreife von Kindern festzustellen.

Um diesen „Einstellungstest“ etwas humaner und kinderfreundlicher zu gestalten, könnten die Portfolios der Kinder aus der Kindergartenzeit als Gesprächsgrundlage genutzt werden. Mit dem Einverständnis der Eltern und natürlich des Kindes setzen sich beide mit der Lehrkraft zusammen, und das Kind darf, soweit es sich das schon zutraut, ein paar Seiten aus dem Portfolio vorstellen. Interessierte Lehrer fragen nach und wollen mehr sehen. So haben sie nicht nur einen Einblick in die Entwicklung des Kindes während seiner Kindergartenzeit, sondern auch gleichzeitig einen Eindruck über dessen Sprachfähigkeit, Wortschatz und Selbstvertrauen anderen Menschen gegenüber. Für die Kinder ist das Vorstellen ihres Portfolios immer eine Sache des Stolzes. Sie dürfen ihre eigene Mappe zeigen, worin ihre Stärken verzeichnet sind. So begegnen sie der Lehrerin in der Schule nicht mit Angst und Ehrfurcht – im Gegenteil, sie nehmen selbst eine sehr aufrechte Haltung ein, weil sie etwas darstellen, nämlich sich selbst.

Der Eintritt ins Schulleben ist für das Kind eine große Herausforderung.

Zusätzlich erkennt das Kind dabei erneut, dass es bereits sehr viel kann und ganz offensichtlich fähig ist, zu lernen und sich weiterzuentwickeln. Mit diesem starken Vertrauen in seine Fähigkeiten lässt sich der Schulbeginn angstfrei meistern.

8 Welche weiteren Möglichkeiten gibt es, mit Portfolios zu arbeiten?

8 Welche weiteren Möglichkeiten gibt es, mit Portfolios zu arbeiten?

8.1 Elternarbeit

Als neue Eltern in einer Kindertagesstätte, manchmal noch mit großen Trennungsproblemen, sind Mütter und Väter dankbar für Offenheit, Infos und persönliche Worte erfahrener Eltern.

Manch engagierter Elternteil hat Lust, ein Portfolio für den Kindergarten zu führen.

Ein Eltern-Portfolio kann die neuen Eltern unterstützen, sich leichter in den Kindergarten einzufinden. Denn damit können sie den Alltag aus der Sicht erfahrener Eltern nachvollziehen. Sie müssen nicht befürchten, dass die Erzieherinnen Mängel vertuschen – die Eltern können sich untereinander vertrauen. So zumindest das Gefühl beim Lesen eines Portfolios.

Die Eltern – evtl. der Elternbeirat jedes Jahrgangs – erstellen zusammen ein eigenes Portfolio über mehrere Jahre hinweg. Sie zeigen auf, wie sich die Elternarbeit aus Sicht der Eltern entwickelt und formulieren Ziele für die Weiterentwicklung ihrer Tätigkeit oder der zukünftiger Eltern.

Mögliche Inhalte können sein:

- Berichte über die konkrete Tätigkeit als Elternbeirat
- Erklärung: Was ist ein Elternbeirat, wie wird er gewählt?
- allgemeine Infos zur Mitarbeit der Eltern
- Berichte von Festen und Feiern und besonderen gemeinsamen Veranstaltungen
- ein Blick auf die pädagogische Arbeit des Kindergartens aus Sicht der Eltern
- Elternabende
- Rituale unter den Eltern

8.2 Teamarbeit

Wer kennt nicht das Gefühl, neu in einem Team zu sein. So viele Fragen und Unsicherheiten türmen sich auf. Es dauert seine Zeit, bis sich dieser Alltag einstellt, das „Drumherum“ der Organisation, des Miteinanders ganz normal wird, zur Routine. Ein Teamportfolio kann die neuen Kolleginnen hervorragend beim Einstieg in die Tagesstätte unterstützen.

Aber auch für die „alten“ Kollegen ist es hilfreich. Hier befindet sich alles übersichtlich strukturiert, was Erzieherinnen wissen müssen. Allerdings soll das Portfolio kein Sammelplatz sein, sondern konkrete, ausgewertete Beiträge beinhalten.

Auch ein Team braucht regelmäßige gemeinsame Reflexion, um seine Entwicklung zu erkennen.

Für die Leitung, die anhand der Einträge einen tieferen Einblick in die Strukturen des Teams erhält, kann ein Portfolio helfen, Konflikten vorzubeugen. Denn sie erfährt hier vieles über Meinungen, Wünsche, Stimmungen der einzelnen Teammitglieder, was sie direkt, mündlich vielleicht nicht äußern würden. Außerdem erhält sie einen Überblick über deren Stärken und Schwächen und sieht, wo sie den Erzieherinnen mehr unter die Arme greifen muss, motivieren sollte oder auch, wo Spezialisten versteckt sind.

Um im Team ein Portfolio zu beginnen, können einige Fragen hilfreich sein:

- Was sind unsere Stärken als Team?
- Wie sehe ich mich als Mitglied des Teams?
- Wo sind meine Stärken?
- Welche Wünsche habe ich für die Arbeit in der Kita?

Vorschläge für mögliche Inhalte:

- Wir als Team
- Jedes Teammitglied bekommt ein Register – kann Ich-Seiten, besondere Ereignisse das Team und die Arbeit betreffend einordnen
- Unsere pädagogischen Ziele für den Kindergarten
- Unsere Ziele für die Teamarbeit
- Gesprächsregeln für Teamgespräche
- Regeln für das Miteinander im Team
- Regeln für Elterngespräche
- Unsere Rituale im Team
- Organisatorisches wie Wochenpläne, Stunden- oder Urlaubszettel und Pauseneinteilungen

144 Kopiervorlage 11.8 ■ Teamseite

Teamseite

von *Christine* Datum *15. 03. . .*

Das bin ich!

Ich arbeite in der *Käfer-* Gruppe

als *Gruppenleiterin*

von *8:00* bis *16:30* Uhr.

Meine Stärken: *Kreativität, Spontanität*

Hier bin ich Spezialist/in in der Kita: *musische Bildung*

Im Team bin ich für ____ zuständig.

Wenn es Diskussionen oder Streit im Team gibt, verhalte ich mich so: ____

Ich wünsche mir für unser Team ____

und für mich im Team ____

Unser Team ist super, weil *wir zusammenarbeiten, offen diskutieren und jedes Jahr ein tolles Sommerfest auf die Beine stellen.*

Teamseite von …

8.3 Öffentlichkeitsarbeit der Kita

Der häufig übliche Flyer eines Kindergartens gibt nur ein werbewirksames Minimum an Informationen weiter. Konzeptionen oder Kindergarten-Ordnungen sind zu ausführlich und detailliert, um einen Gesamteindruck der Arbeit und des Alltags zu vermitteln. Ein Portfolio hingegen kann den Querschnitt einer Tagesstätte wiedergeben. Das heißt konkret: Der Alltag des Kindergartens von Anfang bis Ende wird durchleuchtet, und die Eindrücke, die die Einrichtung, das Team, die pädagogische Qualität usw. am besten wiedergeben, stehen im Portfolio. Diese „Handreichung" dient der „Kundenwerbung" – also dem Gewinn neuer Kinder, was leider vielerorts bereits nötig ist, aber auch der Selbstdarstellung der Einrichtung gegenüber dem Träger und den Eltern. Ein Kindergarten-Portfolio ist im Grunde nichts anderes als eine reflektierte und auf das Wesentliche reduzierte Konzeption, angereichert mit Ergebnissen und Berichten.

Außerdem können damit Sponsoren oder andere unterstützende Initiativen gewonnen werden. Wenn die Kindertagesstätte zum Beispiel ein großes Fest veranstalten will und dafür ein riesiges Zelt benötigt, das sie selbst nicht hat, kann das Portfolio demjenigen, der das Zelt zur Verfügung stellen soll, zeigen, wofür er seine Hilfe, seine Ermäßigung oder Schenkung gibt. Nicht jeder Gönner hat Zeit und Lust, den Kindergarten selbst kennenzulernen. Durch das Portfolio gewinnt er aber einen sehr positiven Eindruck, der ihn vielleicht überzeugt, etwas zu spenden.

Ein optisch ansprechend gestaltetes Kindergarten-Portfolio dient dem positiven Auftreten in der Öffentlichkeit.

Auch für die finanzielle Verwaltung eines Kindergartens ist das Portfolio eine Unterstützung. Die zuständigen Mitarbeiter müssen immer wieder um Zuschüsse betteln und verhandeln. Da ist ein gut gemachtes Portfolio ein großes Plus.

Das Portfolio zeigt demnach das „Gesicht" des Kindergartens in der Öffentlichkeit. Und da es leider immer und überall um Geld geht, sollte dieses Gesicht bestmöglich dargestellt werden.

Mögliche Inhalte:

- Team (Berufsbezeichnungen, Spezialisten, Stärken)
- Räumlichkeiten („Wir geben den Kinder Raum zum Er-Leben")
- pädagogisches Konzept (Schwerpunkte praktisch dargestellt)
- Kinder („Unsere Kinder halten sich gerne im großen Garten auf" usw.)
- Eltern, Elternarbeit
- Feste, Feiern, besondere Situationen
- Organisation (Wofür wird das Geld verwendet? Kinderzahl, Stundenzahl ...)

8.4 In Krippe und Hort

Portfolios können bereits in der **Krippe** begonnen werden. Hier sollten die Kinder einfach so oft und intensiv wie möglich einbezogen werden – je nach Alter und Entwicklungsstand. Das Portfolio in der Krippe hat einen besonderen Reiz, da sich die Kinder oft „unbemerkt" weiterentwickeln. Durch die noch gezieltere Beobachtung und Beschäftigung mit der Entwicklung des einzelnen Kindes können auch kleinere Schritte dokumentiert und somit den Eltern und später auch dem Kind zugänglich gemacht werden.

Portfolios in der Krippe ermöglichen Eltern den Einblick in die kindliche Entwicklung während der Zeit außer Haus.

Es wird nicht nach den Bildungsplänen gearbeitet, sondern oft nach dem Prinzip „Kopf-Herz-Hand", also einem ganzheitlich fördernden Ansatz. Diese Förderung und dementsprechende Entwicklung kann im Portfolio für jedes Kind dokumentiert und damit sichtbar gemacht werden.

Hier eine mögliche Auswahl:

- Die körperliche Entwicklung des Kleinkindes ist sehr spannend:
  - Größenverhältnisse darstellen mit Hand- oder Fußabdrücken
  - Gewicht dokumentieren
  - Gesichtsausdrücke und -veränderungen fotografieren
  - motorische Fähigkeiten abbilden
- Vorbilder?
  - An wem orientiert sich das Kind, welche „Freunde" hat es?
  - Bezugserzieherinnen-Seiten

- Verhalten und Emotionen
  - Abschied und Begrüßung
  - Freude, Kummer, Konflikte
- Rituale und Alltägliches
  - Liedtexte und Reime
  - Situationen (wie Morgenkreis)

Horte sind in Deutschland nicht dem Bildungsgesetz verpflichtet. Daher fällt auch die gezielte Beobachtung und Dokumentation nicht in das Aufgabengebiet der Erzieherinnen in diesem Bereich. Viele Horte haben jedoch selbst den Anspruch, nicht nur familien- und schulergänzend zu arbeiten, sondern die Kinder auch zu fördern und fordern, soweit es ihnen in der relativ kurzen Zeit möglich ist. Das passiert zum einen während der Hausaufgabenbetreuung durch die positive Motivation und Unterstützung der Lernenden aber auch durch sinnvolle Anregungen in der Freizeit. Eine familienähnliche Atmosphäre beim Mittagessen schafft außerdem eine harmonische Basis für den Austausch von Problemen und das Berichten von Erlebnissen. Portfolios im Hort unterstützen die persönliche Entwicklung der Kinder in einer besonderen Phase der Abnabelung bis hin zur Pubertät. Sie entwickeln sich vom Schulkind der ersten Klasse, das eben noch im Kindergarten behütet wurde, bis zum (je nach Hort) etwa 10- bis 12-jährigen Jungen oder Mädchen, die sich für eine weiterführende Schule entscheiden müssen, wo sie oft komplett auf sich allein gestellt sind. Das Leben wird dann noch mehr der Schule und dem Leistungsdruck unterworfen sein. Mit dem Portfolio erhalten die Kinder eine Möglichkeit, sich selbst zu finden, zu reflektieren und ihre Stärken und Interessengebiete zu erkennen, zu vertiefen und vor allem selbstbewusst umzusetzen.

Im Hort können Portfolios sehr selbstständig von den Kindern geführt werden.

Kopiervorlage 11.39 ■ Ich 175

ICH

Das bin ich!

Leon — Name
11.05. .. — Datum

Ich bin 9 Jahre alt und
gehe in die 3. Klasse.
Ich bin 140 cm groß.
Meine Lieblingsfächer sind Sport und Sachunterricht.

Das will ich mal werden:
Fußballspieler

Das kann ich besonders gut:
- Kopfbälle
- Uno

Im Hort finde ich gut:
das Essen, die Spiele, die Kinder

Meine besten Freunde/Freundinnen sind:
Julian, Jonas und Finn.

Das mache ich gerne:
Rad fahren, am Computer spielen, Fußball spielen, Fotografieren

© SCHUBI

Seite eines Hortkindes

8.5 In der Tagespflege

Tagesmütter haben oft keine umfassende pädagogische Ausbildung – was sie nicht daran hindert, wunderbare Betreuung besonders der Allerkleinsten zu leisten. Sie haben aber den entscheidenden Nachteil, keine grundlegende Schulung im Beobachten und Dokumentieren erhalten zu haben. Es geht nicht nur darum, Beobachtungen aufzuschreiben und auszuwerten, sondern es ist wichtig, auch den Sinn dieser Arbeit zu verstehen. Es ist also unbedingt notwenig, dass sich die Tagesmutter in die theoretischen Hintergründe von pädagogischer Arbeit, Beobachtung und Dokumentation einarbeitet, bevor sie mit Portfolios beginnt.

Seit einiger Zeit müssen Tagesmütter vor Aufnahme der Kinder eine Prüfung ablegen. Zuvor werden sie, je nach Bundesland und Landkreis, mehr oder weniger intensiv darauf vorbereitet. Vielleicht sollten sich die Anbieter dieser Kurse überlegen, das Konzept „Portfolio" in ihre Schulungen mit aufzunehmen.

Manche Kinder verbringen viel Zeit in Betreuung einer Tagesmutter. Portfolios helfen, diese Zeit für Eltern sichtbar zu machen.

Die Bildungspläne richten sich ausdrücklich auch an die Tagespflegepersonen. Diese sind genauso angehalten, Kinder umfassend zu fördern, ihnen Vorbild zu sein und ihre Stärken und Interessen zu entdecken. Auch während des Aufenthalts bei einer Tagesmutter entwickeln sich Kinder ständig weiter. Doch die Eltern werden normalerweise nur durch mündliche Aussagen der Betreuerin informiert. Führt sie Beobachtungen durch und dokumentiert die Entwicklung der Kinder in einem Portfolio, ergibt sich für die Eltern ein umfassenderer Eindruck der pädagogischen Arbeit und der Schritte ihres Kindes.

Ein Kind entwickelt sich ständig weiter.

9 Praxiserfahrungen

9.1 Überforderung

9.2 Rotierende Beobachtung

9.3 Ein bayerischer Kindergarten und die Einführung der Portfolioarbeit

9 Praxiserfahrungen

9.1 Überforderung

Bei der Recherche für dieses Buch sprach ich, um möglichst viele praktische Erfahrungen zu sammeln, mehrere Kindergarten-Teams im südbayerischen Raum an. Da ich die Informationen von den jeweiligen Einrichtungen nicht schriftlich und systematisch erhoben habe, kann die folgende Aufstellung nicht als Ergebnis einer Studie angesehen werden. Einen Eindruck über den Ist-Stand gibt dieses Fazit jedoch auf jeden Fall.

- Sehr wenige Erzieherinnen kennen die Portfoliomethode für den Kindergarten.
- Viele wissen nicht einmal, was der Begriff „Portfolio“ bedeutet.
- Einige wenige Kindergärten begannen gerade damit, sich über die Portfoliomethode zu informieren.
- Die meisten Erzieherinnen oder Kinderpflegerinnen reagieren ablehnend und äußern sich häufig negativ: „Was sollen wir noch alles machen?“
- Allgemein stellte ich fest, dass die Einführung der Bildungspläne bei vielen Kindergärten als große Umstellung und zusätzliche Belastung gesehen wird. Es finden sehr häufig „Extra-Angebote“ statt, um den Auftrag des Bildungsplans zu erfüllen.
- Sehr oft werden zwar Beobachtungen durchgeführt. Dokumentationen gibt es aber nicht.
- Immer noch sind die Kinder meist nicht an Dokumentationen, Zielplanung oder Themenplanung beteiligt.
- Auch Elterngespräche werden häufig noch in klassischer Form durchgeführt: bei Problemen des Kindes und ohne dessen Beteiligung.
- Zwei Kindergärten arbeiten bereits seit einiger Zeit mit Portfolios, sind aber noch in der Erprobungsphase. (Einer davon wird unter 9.3 vorgestellt.)
- Die zwei größten Hürden bei der Portfolioarbeit sind Zeit und Geld.
- Die größten persönlichen Hemmschwellen sind das Formulieren von Kommentaren, Briefen und Geschichten und die optisch ansprechende Gestaltung des Portfolios (Leistungsdruck den Eltern gegenüber).
- Alle, die ich gefragt habe, wünschen sich einen besseren Personalschlüssel, mehr Vorbereitungszeit, gerechtere Bezahlung und mehr Zeit mit dem einzelnen Kind.

FAZIT

Es bedarf in den meisten Kindergärten immer noch einer grundlegenden Umstrukturierung. Die Anerkennung für den Beruf der Erzieherin innerhalb der Gesellschaft ist zwar bereits gestiegen, doch noch immer erhalten Erzieherinnen kein angemessenes Gehalt und die Arbeitszeiten sind nicht so gestaltet, dass sinnvolles Arbeiten stressfrei möglich ist. Ohne Idealismus und enormes persönliches Engagement ist Erzieherarbeit nicht zu schaffen. Es gibt also noch viel zu verändern, um allen Beteiligten gerecht zu werden.

Die Einführung der Bildungspläne hat mangels gezielter Aufklärung und Einarbeitung viel Unsicherheit geschaffen. Elemente der Beobachtung und Dokumentation wie das Portfolio werden daher noch sehr schwer angenommen. Kindergarten-Teams müssen demnach mehr Fortbildungen erhalten und im Ganzen mehr Zeit für ihre eigene Bildung aufwenden können, um Kindern das zu bieten, was Politiker und Wissenschaftler fordern.

9.2 Rotierende Beobachtung

Die Erzieherin Frau Marion Sasse arbeitet in einer Kindertagesstätte in der Nähe von Frankfurt. Dort gibt es seit einiger Zeit mehrere Arten der Dokumentation: Aushänge für Eltern und Kinder, Entwicklungsordner und Themenbücher. Im folgenden Interview beantwortet die Pädagogin einige Fragen über die Einführung eines Beobachtungssystems und die anschließende Arbeit mit Portfolios.

Wagner: Welche Form der Beobachtung benutzen Sie in der Einrichtung?

Sasse: Wir haben ein Beobachtungssystem erarbeitet, nach dem die Kinder reihum von allen Kolleginnen beobachtet werden.

Wagner: Wer wertet die Beobachtungen aus?

Sasse: Auf den wöchentlichen Sitzungen werden die Beobachtungen ausgewertet, und es wird ein Angebot, orientiert an den Interessen des jeweiligen Kindes, erarbeitet.

Wagner: Dokumentieren Sie die Aktivitäten der Kinder?

Sasse: Die Durchführung des Angebots wird nach Möglichkeit mittels Foto festgehalten. Video wird relativ selten eingesetzt. Anschließend erstellen wir eine Übersicht, auf der die einzelnen Bildungsbereiche des Bildungsplans festgehalten sind. Das durchgeführte Angebot wird in diese Bereiche eingeordnet, und das Ganze wird im Anschluss mit den entsprechenden Eltern besprochen und für alle Eltern ersichtlich ausgehängt.

Wagner: Wie oft beobachten Sie? Können Sie überhaupt alle Kinder berücksichtigen?

Sasse: Jede Woche werden zwei Kinder beobachtet. Die Eltern wissen über die Aushänge, welches Kind dran ist.

Wagner: Reichen die praktischen Angebote den Kindern aus? Schließlich lassen Sie die gemeinsamen Gruppenaktivitäten dafür weitgehend wegfallen.

Angebote werden nach der Beobachtungsphase für das jeweilige Kind konkret geplant.

Sasse: Bei der Planung wird überlegt, welche Kinder die gleichen Interessen haben, oder ein Kind wird gefragt, wen es dabeihaben möchte. So nehmen die Kinder mehrmals an Angeboten teil, und kein Kind geht unter. Aber auch wenn ein Kind nicht an der Reihe ist und wir etwas beobachten, versuchen wir, dieses Interesse aufzugreifen.

Wagner: Wie sammeln Sie die Auswertungen? Gibt es eine bestimmte Art der Dokumentation?

Sasse: Dies alles kommt in den Entwicklungsordner, in dem sich auch die Elterngespräche und sonstige Berichte über Ausflüge, Kurzbeobachtungen, Werke der Kinder usw. befinden. Die Eltern sind begeistert davon, sie sehen es als eine Art Kindergartentagebuch an, in welches sie gerne reinschauen. Da sie kaum Bastelwerke ihrer Kinder bekommen ist es für sie neben Gesprächen oft die einzige Möglichkeit, am Alltag ihrer Kinder teilzunehmen. Auch die Kinder lassen sich ihren Hefter häufig aus dem Schrank geben.

Wagner: Wie wurden diese „Portfolios" im Team eingeführt?

Sasse: Angefangen haben wir mit der Teamabsprache, Entwicklungsordner zu führen, was für manche bis dahin nicht selbstverständlich war. Dazu gehörte die Absprache, was diese Entwicklungsordner beinhalten sollten: Eingewöhnungsbericht, Beobachtungen, Angebote und deren Auswertungen, Fotodokumentationen, Werke der Kinder, Protokolle der Entwicklungsgespräche usw. Diese Unterlagen werden in Ordnern abgeheftet und sind für die Eltern frei zugänglich, können auch ausgeliehen werden.

Wagner: Wie sind die Kinder in die Arbeit involviert?

Sasse: Die Kinder können die Ordner nach Rücksprache mit uns auch einsehen und Wünsche äußern, was mit abgeheftet werden soll. Sie bitten uns zum Beispiel darum, dass wir ihre Bauwerke fotografieren, damit sie in den Ordner kommen.

Wagner: Gab es eine bestimmte „Einführungszeremonie" für die Kinder?

Sasse: Mit den Kindern haben wir nicht darüber gesprochen: die Ordner sind einfach da. Die älteren Kinder kennen ihre Ordner und verlangen sie oft zur Einsicht. Die Jüngeren erleben es bei den älteren Kindern und fragen irgendwann, ob sie auch solch einen Ordner haben, oder sehen ihn, wenn wir Materialien abheften. Irgendwann verlangen auch sie ihren Ordner.

Wagner: Über welchen Zeitraum führen Sie die Entwicklungsordner?

Sasse: Diese Ordner begleiten die Kinder während ihrer gesamten Kindergartenzeit und dienen bei Entwicklungsgesprächen als Grundlage.

Wagner: Haben Sie außer den Entwicklungsbüchern eine weitere Form der Dokumentation eingeführt?

Sasse: Zusätzlich gibt es noch die Themenbücher. Sie entstehen aus einzelnen Situationen oder (Lern-)Themen der Kinder.

Vier Beispiele

- *Ein Junge beobachtete seine Freunde, die vom Kletterstamm sprangen, und erzählte, dass er es sich nicht traue. Hochklettern könne er aber. Ich bot an, ihn auf dem Stamm zu fotografieren, und sobald er sich traue zu springen solle er mich holen, damit ich nochmals fotografiere, da ich wüsste, dass er es irgendwann auch schaffen würde. Ein oder zwei Tage später kam er und bat darum, fotografiert zu werden. Es entstanden mehrere Vorher- und Nachherfotos, die wir zusammen auf Pappe aufklebten und mit der Spiralbindung zu einem Buch fertigten, welches bei den anderen Ereignisbüchern steht und so immer für ihn und die anderen Kinder zugänglich ist.*
  Natürlich wurden bei der Herstellung auch Gespräche geführt, wie sich sein Mut entwickelt hat und wie es ihm dabei ging, sich zum Springen zu überwinden. Das Buch trägt den Titel: „XX traut sich!“ und ist ansonsten ohne Worte.

Das Kind traut sich etwas zu und will dies dokumentiert wissen.

- *Ein Mädchen beschäftigte sich eine Zeit lang intensiv mit der Frage, wer ihre Freunde sind.*
  Wir begleiteten sie einen Tag lang mit dem Fotoapparat und stellten aus diesen Fotos ein Buch her.
  Dieses Buch wurde ihr gezeigt, mit ihr durchgesprochen, und sie erzählte, wer ihre Freunde sind, und was sie gerade mit ihnen spielt. Ihre Aussagen wurden ins Buch geschrieben.

- *Ein anderes Kind wollte ungern in die Kita, sie erzählte den ganzen Tag von ihrer Katze.*
  Deshalb bekam sie den Auftrag, ihre Katze, den Futternapf, den Schlafplatz, das Katzenklo und alles was sie sonst noch möchte, zu fotografieren.
  Die Eltern gestalteten mit den Fotos ein Buch, und die große Schwester schrieb dazu, was ihr erzählt wurde. Dieses Buch war zwei Wochen lang ständiger Begleiter, und das Heimweh war weg.

- *Ein weiteres Buch betraf das Thema der Gruppe:*
  Viele Kinder verarbeiteten eine Zeit lang Unmengen von Klebeband. Es wurde in langen Bahnen abgezogen und an den Möbeln festgeklebt, Stühle wurden zusammengewickelt, Scheren und Teddys wurden mit Klebeband umwickelt, wertloses Material wurde zusammengeklebt usw. Der Fantasie waren kaum Grenzen gesetzt. Die Aktionen wurden von uns Erzieherinnen fotografiert und zu einem Buch verarbeitet. Darüber gesprochen haben wir nur mit den Kindern, die gerade bei uns waren, als wir es fertigten.

Wagner: Wie empfinden Sie selbst diese Methoden, den Bildungs- und Erziehungsauftrag zu erfüllen?

Sasse: Ohne diese Dokumentation mag ich gar nicht mehr arbeiten, auch wenn sie sehr zeitintensiv ist. Seitdem wir so arbeiten, ist uns erst bewusst, was Kinder alles lernen, wenn sie „nur" spielen.
So treten wir den Eltern gegenüber auch sicherer auf und können sie beruhigen, wenn sie denken, ihre Kinder lernten nicht genug.

Wagner: Vielen Dank für das informative Gespräch!

9.3 Ein bayerischer Kindergarten und die Einführung der Portfolioarbeit

Der Maria-Kempter-Kindergarten in Söcking bei Starnberg (Oberbayern) ist in vieler Hinsicht ein „Modellkindergarten". Vor einigen Jahren wurde hier die Umsetzung des Bayerischen Bildungs- und Erziehungsplans (BEP) erprobt, was bis heute nachwirkt. Das Team ist außerordentlich motiviert und auf einem hohen fachlichen Niveau. Die elf Mitarbeiter arbeiten am Kind orientiert und gleichzeitig kindgerecht. Die Leiterin, Frau Giuffredi, strahlt aus, was vielen Pädagoginnen fehlt: Kompetenz und Herzlichkeit, vereint in einer Person. Das Haus des Kindergartens steht in einer parkähnlichen Gartenanlage. Hier ist richtig viel Platz zum Verstecken, Toben und Spielen für die Kinder der fünf Gruppen. Das Haus, ein Flachbau, ist geschickt geplant worden und bietet mit einem großen Flur reichlich Platz für zusätzlichen gemeinsamen Spiel-Raum.

In diesem Garten ist Platz zum Toben.

„Wir sind eine Gruppe, alle Kinder gehören dazu.“

Nach der Modellphase für den Bildungsplan und der intensiven Auseinandersetzung mit den neuen Strukturen der pädagogischen Arbeit war es nur eine Frage der Zeit, wann die Mitarbeiter und Mitarbeiterinnen mit der Portfolioarbeit beginnen sollten. Mit Einführung einer neuen offenen Form der pädagogischen Arbeit wurde ein erster Schritt in die gewünschte Richtung getan. Schon die Räumlichkeiten weisen darauf hin. Im Eingangsbereich steht eine Theke mit einem offenen Bürobereich dahinter, und gleich ein paar Meter weiter befindet sich eine geräumige und offen gestaltete Essecke für alle hungrigen Kinder. An einer Wand gegenüber dem Eingang hängen viele kleine, schön verpackte Minileinwände. „Das sind die Geburtstagsgeschenke für die Kinder“, erklärt mir die Leiterin Sibylle Giuffredi. Die verschiedenen Farben der Geschenkbänder symbolisieren die einzelnen unterschiedlichen Kinder, die alle zusammen eine große Gruppe sind. Jede der fünf Gruppen hat eine Nummer, die auch auf dem Geschenk steht. So zeigt sich schon rein optisch das offene und doch verbindende Konzept dieses Kindergartens.

Das ungezwungene Miteinander schafft eine angenehme Atmosphäre.

Die Einführung und Durchsetzung dieser inneren Öffnung war ein Prozess, der auch auf Widerstand oder Unverständnis einiger weniger Eltern stieß. Doch inzwischen haben alle verstanden, wie gut sich die Kinder unter den Bedingungen des Kindergartens entwickeln können und freuen sich über ihre fantasievollen und fröhlichen Kinder.

Für die Eltern verlockend gibt es um die Ecke in einem Raum am Flur zu den Gruppenzimmern eine Küche mit Cafétheke, der „Treff“. Hier holen sich Erzieherinnen und Eltern Kaffee oder Tee und unterhalten sich ganz nebenbei. Dieses lockere Miteinander trägt erheblich zur konstruktiven Stimmung zwischen dem Personal und den Eltern bei.

Überhaupt fällt sofort auf, wie freundlich hier alle miteinander umgehen. „Eine positive Grundhaltung zum Kind, aber auch zur Arbeit und den Menschen, die hier miteinander zu tun haben, ist eine Voraussetzung für sinnvolles Arbeit in einem Kindergarten.“ Frau Giuffredi ist sich sicher, dass die Kinder die positive Stimmung in der Einrichtung wahrnehmen und verarbeiten. Sie erleben, wie Eltern mit Erzieherinnen reden und auch das Team miteinander umgeht. So können sie sich sicher fühlen; das Vertrauen in die Betreuungspersonen wächst und somit auch das Gefühl, sich ausleben zu können. Auch die Sprache wird laufend gefördert, wenn Kinder Erwachsene im Gespräch belauschen. Sie übernehmen nicht nur Worte, sondern auch die Kommunikationsregeln ihrer Vorbilder.

Der Schritt, Portfolios einzuführen, war nur ein weiterer Meilenstein der Arbeit mit Kindern in diesem Kindergarten. Frau Giuffredi: „Die Eingewöhnungsphase für die Portfolioarbeit ist ein Prozess, der Zeit braucht. Daher sollte man unbedingt langsam anfangen. Wir haben zum Beispiel im ersten Halbjahr nur erwachsenbezogen gearbeitet und erst im zweiten Halbjahr das Portfolio zum ersten Mal mit nach Hause gegeben. Einige Eltern haben etwas dazu beigetragen. Nachdem wir die Mappen wieder eingesammelt hatten, wurde das Portfolio dem einzelnen Kind überlassen. Anfangs kam da natürlich noch wenig – von allen Seiten."

Team-Vorbereitung

Zunächst wurde das Personal in Fortbildungen und Gesprächen informiert, was Portfolioarbeit überhaupt ist. Je nach individuellem Interesse hat sich der eine mehr, die andere weniger intensiv weiter damit beschäftigt. Frau Giuffredi: „Die Fähigkeit, Portfolios mit Kindern zu führen, ist nicht abhängig von der Ausbildung oder vom ‚Dienstgrad'. Es geht vor allem um Wahrnehmung. Wir hatten eine Fortbildung zum Thema Beobachtung, wo die Lerngeschichten vorkamen. Das war sehr gut, weil dabei auch immer auf die Wahrnehmung eingegangen wird. Das Wichtigste ist mir aber, immer das Positive im Kind zu sehen! Das ist der Ansatzpunkt, nach dem wir hier arbeiten. Und erst dann können wir überlegen, ob wir dem Kind zu einem Entwicklungsstand eine besondere gezielte Hilfe geben müssen: Reicht es aus, was wir bieten, oder müssen wir eine sekundäre Einrichtung dazunehmen? Doch primär versuchen wir die Stärken des Kindes zu erkennen. Und das spiegelt sich natürlich wider. All das, was hier in der Einrichtung mit Farben, mit Stimmung, mit einem Umgangston gelebt wird, mit dem Umgangston zwischen uns und den Eltern – das alles zusammen ergibt ein Ganzes."

Eine Voraussetzung für die Portfolioarbeit ist der sichere Umgang mit Rechtschreibung, ganz allgemein mit der deutschen Sprache.

Frau Giuffredi: „Rechtschreibung ist ein Problem. Damit gehe ich unterschiedlich um. Natürlich kenne ich die neue Rechtschreibung auch nicht hundertprozentig, aber ganz grobe Fehler sollten doch ausgebessert werden. Hierbei herrscht schon Unsicherheit im Team."

Was aber, wenn in einer großen Tagesstätte wie dem Maria-Kempter-Kindergarten der Stadt Starnberg Mitarbeiter mit Migrationshintergrund beschäftigt sind, die des Deutschen nicht sicher mächtig sind? Frau Giuffredi, selbst mit italienischen Wurzeln, äußert sich dazu: „Defizite in Schrift oder Sprache müssen angesprochen werden, dann kann man sich überlegen, wie man damit umgehen will. Ich sehe durchaus Probleme. Toll fände ich es natürlich, wenn die ausländischen Kinder Einträge in ihrer Muttersprache im Portfolio finden würden. Wie bei uns amerikanische oder italienische Kinder. Ich bin selbst halbe ‚Ausländerin', aber ich denke, in deutschen Kindergärten sollten die Pädagogen auch die deutsche Sprache beherrschen. Nicht nur als Voraussetzung für Portfolioarbeit. Sprache ist einfach der Alltag. Sicher äußern wir uns den Kindern gegenüber auch über Streicheln, über Hautkontakte, über mehrere Sinne, aber eben hauptsächlich über Sprache. Das betrifft die gesamte Arbeit der Erzieherin: Wie erkläre ich das Weben, wie erkläre ich das Zählen, wie erzähle ich eine Geschichte? Immer mehr haben kleine Kinder Sprachauffälligkeiten innerhalb ihrer Muttersprache. Da ist es wichtig, selbst die Sprache zu beherrschen. In unserem Beruf ist es eine unabdingbare Voraussetzung, die Sprache des Landes, in dem man arbeitet, sicher zu sprechen. Was ich aber positiv finde, sind Dialekte. Sie können die Sprachfähigkeit, den Umgang mit Sprache anregen und lebendig halten."

Das Portfoliodesign

Im Maria-Kempter-Kindergarten wurde eine eigene Form des Portfolios entworfen: Eine Mappe mit drei Bereichen (Kind, Kindergarten, Eltern), die jeweils in chronologischer Reihenfolge gefüllt wird. „Ich finde, es ist sehr kindgerecht. Weitere Aufteilungen und Untergliederungen führen dazu, dass es schon wieder zu sehr von uns gesteuert wird. Und wenn ein Kind sagt: ‚Oh ich hab ein Herz gemalt im Oktober', dann kann es ja nachträglich die Seite dort einheften. Das Portfolio soll die Lernergebnisse für das Kind sichtbar machen, das finde ich ganz wichtig. Der Ganze BEP zielt doch inhaltlich darauf, dass Kindern das Lernen bewusst werden soll. Es ist einfach toll, das Buch dann in der Hand halten zu dürfen. Für uns ist der Unterschied zur Malmappe sehr wichtig. Dort werden großformatigere Bilder gesammelt, verschiedene Techniken", erklärt Frau Giuffredi.

Die perfekte Portfoliomappe für und von den Mitarbeitern des Maria-Kempter-Kindergartens in Söcking

In der Konzeption des Kindergartens finden sich viele kurze Zitate aus Kinderbüchern und klare, einfache Erklärungen für die Form der Arbeit mit den Kindern. Über die Art, Wissen zu vermitteln, und die Fähigkeit, Lernen zu lernen, steht geschrieben:

„Bewusster Wissenserwerb gilt als Grundstein für lebenslanges Lernen. Eine Vernetzung von Denkfähigkeit, Gedächtnis, Kreativität, Werthaltung, Verantwortungsübernahme, Kommunikationsfähigkeit führt dazu, Lernprozesse wahrzunehmen. Diese sollen von den Kindern bewusst erlebt werden, sodass sie lernen, was sie lernen und wie sie es gelernt haben." (www.starnberg.de/fileadmin/user_upload/starnberg/redakteure/Buergerservice_Verwaltung/Kindergaerten/Maria_Kempter_Kdg.pdf, 20.09.2008)

Portfolioarbeit ist ein Prozess

Sybille Giuffredi und ihre zehn weiblichen und männlichen Mitarbeiter sind sich nicht immer sofort einig, wenn es um die Portfoliomethode geht, doch sie bleiben im Gespräch. Neben der täglichen Arbeit, den Beobachtungen und besonderen Aktionen noch Portfolios zu berücksichtigen, ist auch nach einem Jahr noch nicht zur Routine geworden. Im September, wenn die neuen Kinder sich eingewöhnen müssen, haben die Pädagogen und Pädagoginnen damit schon genug zu tun. Dazu kommen Themenbesprechungen und -abstimmungen, Wochen-, Monats-, Jahrespläne, Zielsetzungen und Beobachtungsfragen. In einer viergruppigen, offenen Einrichtung wie dem Söckinger Maria-Kempter-Kindergarten ist eine perfekte Planung unbedingt notwendig, damit alle Teammitglieder auf gleichem Stand sind und den Kindern gleichermaßen gerecht werden. Erst wenn das „Drumherum" erledigt ist, kann ans Portfolio gedacht werden. Vielleicht ist das in ein paar Jahren anders, wenn diese noch immer ungewohnte Form der Dokumentation zur Selbstverständlichkeit geworden ist.

Eltern und Portfolios

Die Elternarbeit gestaltet sich in dem Kindergarten auf einem relativ hohen sozialen Niveau, anders als in einer Tagesstätte inmitten eines reinen Arbeiterviertels. Trotzdem erzählt Frau Giuffredi: „Eltern sind teilweise sehr schwer zu motivieren, wenn es um die Mitarbeit im Kiga geht – aber beim Portfolio geht es ja um das eigene Kind, da ist dann das Interesse intensiver, bemühter. Die Kinder bekommen teilweise tolle Beiträge, z. B. wunderschöne Briefe oder Geschichten, manchmal auch ein bisschen kritisch. Wir haben versucht, die Eltern in zwei Schritten zu motivieren:

1. Ein erster Elternabend fand im Herbst statt – mit der Vorstellung des Jahresthemas und der Schwerpunkte. Letztes Jahr war das die ‚Offene Gruppe' und die Portfolioarbeit.
2. Dann haben wir das Portfolio mit einem Brief mitgegeben, damit etwas mehr passiert."

Frühling 2008

Liebe Familie …!

Heute bekommen Sie das „PORTFOLIO“ mit nach Hause.
Wir würden uns freuen, wenn Sie dazu etwas ergänzen
unter dem Stichwort:

„Was Eltern sagen“

Hier können Sie eine Rückmeldung zum Portfolio Ihres Kindes
geben. Eigene Geschichten von zu Hause, Fotos,
kurze Situationsbeschreibungen:

Alles ist möglich!

Wir wünschen viel Spaß!

Ein Elternbrief, der die Portfolioarbeit motivieren soll

Übergänge erleichtern

Die Kooperation zwischen Grundschule und Kindergarten ist häufig erst in der Anfangsphase. Portfolios können helfen, Übergänge für die Kinder „weicher“ zu gestalten, wovon letztlich alle Beteiligten profitieren.

„Ich finde es sehr schade, dass das Portfolio mit dem Kiga endet. Wenn die Lehrerin zum Jahresende einmal kommt, damit sich der Kindergarten und die Vorschulkinder vorstellen, wird das Portfolio schon mal gezeigt, aber weitergeführt wird es nicht. Leider. Obwohl die Arbeit der Lehrer grundsätzlich schon in diese Richtung geht. Es gibt noch kein direktes Portfoliogespräch mit den Lehrern, weil sie dafür einfach keine Zeit haben. Auch die Vorschulförderung findet deshalb noch nicht in Absprache mit den Lehrern statt“, meint Frau Giuffredi.

Auch der Übergang von Elternhaus oder Krippe in den Kindergarten könnte mit gut geführten Portfolios vereinfacht werden. Frau Giuffredi äußert sich jedoch kritisch, weil sie Bedenken wegen der Gestaltung und Umsetzung der Portfolios hat:

„Wenn ich überlege, wir würden ein Portfolio von einem Krippenkind mitkriegen … Wir haben uns sehr viele Gedanken über die Gestaltung gemacht, und ich empfinde unsere Mappe als sehr aufwendig, aber sehr gelungen. Ich hätte Probleme damit, irgendeine kleine DIN-A4-Mappe als Portfolio zu bekommen, die ich dann weiterführen müsste. Jetzt geht es mir natürlich so, dass ich genau diese Mappen, die wir haben, ideal finde. Das heißt nicht, dass man sie nicht wieder verändern kann aufgrund irgendwelcher Erfahrungen.“

Mit der Portfolioarbeit wurde im Maria-Kempter-Kindergarten Söcking zum Kindergartenjahresbeginn 2007 begonnen. Einige Mitglieder des Teams haben sich freundlicherweise die Zeit genommen, ein paar Fragen über ihre praktischen Erfahrungen mit den Portfolios zu beantworten:

Was war Ihr erster Gedanke, als es hieß: „Wir führen Portfolios ein"?

- „Ich wusste nicht, was das ist."
- „Super!"
- „Wie können wir die Mappen gestalten?"
- „Oh je, da kommt noch mehr Schreibarbeit auf mich zu."

Wie wurden Sie als Mitarbeiter im Team geschult?

- „Durch Lesen von Fachbüchern, intensives Auseinandersetzen mit dem BEP, Austausch mit Fachschulen für Erzieherinnen und anderen Kindergärten, Austausch im Team über mögliche Arbeitsgestaltung."
- „Leider hatten wir keine tatsächliche Vorläufererfahrung als Anhaltspunkt. Wir haben aber eine Fortbildung über Beobachtung und Dokumentation besucht."

Übungsaufgaben, die das Team auf die Arbeit mit Portfolios vorbereiten sollen

Fallen uns zu folgenden Punkten „Lerngeschichten" ein?

- sich interessieren
- einbezogen sein – verbundensein
- Ausdauer bei Aufgaben haben – Ausdauer beim Forschen und Befragen
- Ideen kommunizieren – Kommunikation mit anderen
- Verantwortung übernehmen – Zusammenarbeit

Wie begann die Arbeit mit den Kindern (mit wie vielen von ihnen welchen Alters)? Und wie waren deren Reaktionen darauf?

- „Alle Kinder von drei bis sechs Jahren hatten gleichzeitig ein Portfolio."
- „Sehr selbstverständlich: Machen wir!"
- „Es war ein gemeinsamer Neustart der gesamten Einrichtung."
- „Die Kinder sind grundsätzlich offen für Angebote und pädagogische Arbeit, von daher gab es keine besondere Infragestellung. Häufig war erste Reaktion: Hurra, eine Malpappe."
- „Die Kinder haben sich gefreut und wollten nahezu alle Werke in das Portfolio einordnen."

Wie haben die Portfolios Ihre pädagogische Arbeit verändert? Betraf dies auch Ihre Sicht vom Kind und die Sicht Ihrer eigenen Tätigkeit?

- „Ich achte noch mehr auf die einzelnen Entwicklungsschritte, die ein Kind gemacht hat, als vorher."
- „Meine Sicht vom Kind hat sich nicht verändert, auch vorher lag das Augenmerk auf den Entwicklungsfortschritten."
- „Die Sicht auf meine Arbeit hat sich nicht verändert".

- „Mir wurde klar, dass es noch Strukturierungsbedarf gibt. Eine konsequentere Beobachtung der einzelnen Kinder, Bewusstmachung der individuellen Lernprozesse, gezieltere Begleitung und Förderung sind nötig."
- „Auch mir wird bewusster, wie viel gelernt wird. Ich achte mehr auf meinen positiven Blick auf die Kinder."

Sie haben als Portfolio eine Mappe mit Eltern-, Kind- und Erzieherteil gewählt. Wie hat sich dieses System in der Praxis bewährt?

- „Sehr gut, aber das Portfolio muss noch mehr zum Alltag für alle werden."
- „Die Struktur ist gut. Kinder kommen mit dem Mappenformat gut zurecht."
- „Es ist, wie eine ‚Landkarte' aufschlagen – lädt zur Betrachtung ein. Der Erzieherteil klappt einigermaßen gut, der Elternanteil zuerst gar nicht. Nach unserer schriftlichen Aufforderung dann etwas besser."
- „Kinder halten das, was sie gerade gemacht haben, fast immer für etwas Besonderes und wert, es ins Portfolio einzuordnen. Daher ist es manchmal schwierig, ihnen begreiflich zu machen, was wirklich ins Portfolio hineingehört."

Wie begegnen Ihnen die Eltern in Bezug auf die Portfolios?

- „Positiv, neugierig und interessiert. Eltern genießen jede Aufmerksamkeit ihrem Kind und ihrer Familie gegenüber."
- „Eltern sehen das Portfolio als zusätzlichen Informationsaspekt, als eine schöne Entwicklungsbegleitung."
- „Es findet noch sehr unterschiedliche Eigenaktivität der Eltern statt. Das Portfolio ist wenig integriert in den Kinderalltag."
- „Die Eltern waren hoch erfreut. Einige wunderten sich, wann wir das denn auch noch machen wollten. Sie waren in Sorge, dass dadurch Zeit für die Kinder verloren geht."

Was würden Sie heute in der Einführungsphase anders machen?

- „Mehr Zeit in die Einarbeitung investieren, mich länger damit auseinandersetzen, was eigentlich Portfolios sind."
- „Ich würde das Portfolio von Anfang an besser in den Kindergartenalltag einbauen. Den Kindern würde ich bewusster machen wollen, worum es eigentlich geht."
- „Die Eltern sollten von Beginn an im Kindergarten gelegentlich zur Portfoliomitarbeit angeregt werden. Auch würde ich ihnen ermöglichen, an der Portfolioarbeit im Kindergarten teilzunehmen, mitzuarbeiten."
- „Ich denke, man müsste erst selbst ausprobieren, wie Portfolios funktionieren. Also erst die Erzieher, dann die Erzieher mit den Kindern und dann erst den Eltern Portfolios ankündigen und sie beteiligen, da sonst die Erwartungen der Eltern sehr hoch sind."
- „Ich würde vielleicht erst nur mit dem Team einen Portfoliotestlauf starten, um die Wahrnehmung zu schulen und das Bewusstsein für die Aufgabe zu entwickeln."
- „Auf jeden Fall sollte man für die Einführungsphase viel Zeit einplanen."

Welche Ziele haben Sie sich für die Zukunft Ihrer Arbeit mit Portfolios gesetzt?

- „Nach einem Jahr Einführung für Erzieherin, Eltern und Kinder sollten die Portfolios nun im zweiten Jahr möglichst von den Kindern selbst gelenkt werden."
- „Ich möchte selbst noch fleißiger daran arbeiten."
- „Ich möchte stärker die Kinder an der Gestaltung beteiligen und die Eltern noch mehr motivieren."

Haben Sie einen Tipp für Einrichtungen, die gerade beginnen, mit Portfolios zu arbeiten?

- „Einfach anfangen und es ausprobieren. Nach dem Motto: Learning by doing."
- „Wichtig finde ich die Gestaltung. Also die Größe und die Aufteilung der Mappe."
- „Das Team sollte sich überlegen, ob es realistische Zeitfenster im Kindergartenalltag für Portfolioarbeit gibt. Denn Portfolios sollten kein zusätzlicher Belastungsfaktor werden."
- „Viel Zeit für die Anfangsphase einplanen. Portofolioarbeit lässt sich nicht von heute auf morgen befriedigend integrieren."
- „Vorangehen muss ein Prozess des Bewusstwerdens und -machens der eigenen Arbeit, der klareren Zielformulierung und auch Eigenentwicklung, Selbstreflexion. Dann erst können Erzieherinnen den Kindern so begegnen, wie es Portfolioarbeit vorsieht."

10 Literatur und Links

10 Literatur und Links

Literatur

Braun, U./Mienert, M./Müller, S./Vorholz, H. (Hrsg.): Frühkindliche Bildung im Team gestalten und umsetzen – Konzepte, Praxisbeispiele, Materialien. Berlin, Stuttgart: Raabe, 2007

Dennig, T.: Schritt für Schritt zur eigenen Beobachtung und Dokumentation, Troisdorf: Bildungsverlag EINS, 2007

Krenz, A.: Der „Situationsorientierte Ansatz" in der Kita, Troisdorf: Bildungsverlag EINS, 2008, S. 97

Merget-Kullmann, M./Wende, M.: Kinder lernen lernen, Troisdorf: Bildungsverlag EINS, 2007, Kapitel 2: Zur Ausbildung lernmethodischer Kompetenz im Kindergarten, S. 10, und 2.1.2.1 Zielsetzung, S. 12

Mienert, M./Vorholz, H.: Die Erzieherin als Pädagogin für frühkindliches Lernen, in: Braun, U., u. a. Mienert, M., Müller, S. & Vorholz, H. (2007). (Hrsg.). Frühkindliche Bildung im Team gestalten und umsetzen - Konzepte, Praxisbeispiele, Materialien. Berlin, Stuttgart: Raabe, A 2.1, 4.2, S. 15

Raschzok-Falk, E./Müller, S.: Konflikte lösen, in: Braun, U., Mienert, M., Müller, S. & Vorholz, H. (2007). (Hrsg.). Frühkindliche Bildung im Team gestalten und umsetzen –Konzepte, Praxisbeispiele, Materialien. Berlin, Stuttgart: Raabe, B 1.1, 3.3, S. 11

Spallek, R.: Gesunde Sinne für starke Kinder, Düsseldorf: Patmos, 2004

Spitzer, M.: Gehirnforschung und die Schule des Lebens, Heidelberg, Berlin: Spektrum Akademischer Verlag, 2002

Textor, M. R.: Konzeptionsentwicklung in Kindertageseinrichtungen, http://www.kindergartenpaedagogik.de/17.html, 19.09.2008, in: Schüttler-Janikulla, K. (Hrsg.): Handbuch für ErzieherInnen in Krippe, Kindergarten, Vorschule und Hort. Neuausgabe. München: mvg-verlag 1996

Wolf, Martin (März, 2006): Bildungs- und Lerngeschichten als Instrument zur Konkretisierung und Umsetzung des Bildungsauftrags im Elementarbereich. Wissen & Wachsen, Schwerpunktthema Naturwissenschaft und Technik, Wissen. Verfügbar über: http://www.wissen-und-wachsen.de/page_natur.aspx?Page=739cadeb-2e65-47eb-8e3c-5cebf09b9c35 (30.09.2008)

Zimmer, K.: Widerstandsfähig und selbstbewusst, München: dtv, 2005, S. 176

Links

http://de.wikipedia.org/wiki/Lernen, 15.09.2008

http://www.gew-koeln.de/02/aktuell/themen/kitastudie200710.html, 01.12.2008

http://www.montessori-shop.de/lexikon/pensenbuch-38.php, 14.09.2008

http://www.starnberg.de/fileadmin/user_upload/starnberg/redakteure/Buergerservice_Verwaltung/Kindergaerten/Maria_Kempter_Kdg.pdf, 20.09.2008

http://www.waldorfschule-hof.de/jahresarb.html, 14.09.2008

http://www.wikipedia.org/wiki/Freinet-P%C3%A4dagogik#Selbstverantwortlichkeit_des_Kindes, 14.09.2008

http://www.wikipedia.org/wiki/Lerngeschichte, 15.09.2008

http://www.wikipedia.org/wiki/Soziogramm, 21.09.2008

Beobachtungsformen

„Leuwener Modell", EU-Projekt zur Steigerung der Erziehungsqualität im Elementarbereich. Beobachtungsbögen: Nicht was Kinder können oder tun, sondern: fühlen sich die Kinder wohl und sind sie mit „Leib und Seele" bei der Sache. Beobachtung und Begleitung von Kindern, ISBN 3-00-015391-8, http://www.leuwener-engagiertheitsskala.de

Beller, E. K./Beller, S.: Kuno Bellers Entwicklungstabelle. 4. Auflage, Eigenverlag, 2004, Internet: http://www.beller-und-beller.de

Paschon, A./Zeilinger, M.: Salzburger Beobachtungskonzept für Kindergärten (SBK-KG), 2007, http://www.sbg.ac.at/erz/people/paschon/sbkkg/sbkkg.htm, 08.01.2009

Ulich, M./Mayr, T.: Staatsinstitut für Frühpädagogik, Beobachtungsbogen und Begleitheft. Herder: Freiburg, 2003.

Sonstiges

Carr, M.: Learning Stories – ein Bildungs- und Lernkonzept aus Neuseeland, in: Norbert Neuß (Hrsg.): Bildung und Lerngeschichten im Kindergarten, Konzepte – Methoden – Beispiele. Cornelsen Verlag Scriptor: Berlin, 2007.

http://www.starnberg.de/fileadmin/user_upload/starnberg/redakteure/Buergerservice_Verwaltung/Kindergaerten/Maria_Kempter_Kdg.pdf

Literaturtipps zum Thema „Tagespflege" (zu Kapitel 8.5 „In der Tagespflege", Seite 116)

Kühne, N./Wagner, Y.: Basiswissen Erziehung. Troisdorf: Bildungsverlag EINS, 2009.

Kühne, N.: Basiswissen Psychologie. Troisdorf: Bildungsverlag EINS, 2008.

11 Vorlagen und Leitfäden

11 Vorlagen und Leitfäden

Die folgenden Kopiervorlagen sollen das Team dabei unterstützen, mit der Portfolioarbeit im Kindergarten zu beginnen und die Methode zu verinnerlichen. Mit der Zeit werden die Erzieherinnen, Kinder und Eltern immer mehr eigene Ideen haben, wie sie ihre Blätter gestalten möchten – und sollten dazu von Anfang an ermuntert werden. Die Kopiervorlagen sind also eine Hilfe, aber kein Muss. Die Kreativität der Kinder und aller anderen am Portfolio Beteiligten steht immer im Vordergrund.

11.1 Bildungsziele und Begriffe

Portfolios, gegliedert nach Bildungszielen

Bildungsziel (nach AV BayKiBig § 2 ff.)	Kindgerechte Formulierung (Vorschläge) für die Register
Basiskompetenzen Werte Personale, motivationale, kognitive, physische und soziale Kompetenzen Lernen lernen Entwicklung von Widerstandsfähigkeit Musische Kräfte Kreativität	Ich bin Ich
Ethische, religiöse Bildung und Erziehung, Emotionalität und soziale Beziehungen, Konfliktfähigkeit	Ich und wir
Sprachliche Bildung und Förderung	Geschichten
Mathematische Bildung	Zahlen
Naturwissenschaftliche und technische Bildung	Forscherseiten
Umweltbildung und -erziehung	Wiese, Wald und Tiere
Informationstechnische Bildung, Medienbildung und -erziehung	Bücher, Computer, Fernsehen
Ästhetische, bildnerische und kulturelle Bildung und Erziehung	Malen, Basteln, Theater
Musikalische Bildung und Erziehung	Musik
Bewegungserziehung und -förderung, Sport	Laufen, Tanzen und Toben
Gesundheitserziehung	Mein Körper ist gesund

11.2 Themenplanung

Basiskompetenzen	
Ethik, Religion, Gefühle, Soziales	
Sprache	
Mathematik	
Naturwissenschaft, Technik	
Umwelt, Natur	
Informatik, Medien	
bildnerisch, kulturell	
Musik	
Bewegung	
Gesundheit	

11.3 Leitfaden „Portfolios im Team einführen“

1. Schritt: der Impuls zur Arbeit mit Portfolios

- ein Teammitglied stellt die Portfoliomethode vor.
- Am besten gibt es ein Portfolio zum Hineinsehen.
- Literatur zum Nachschlagen und Einlesen ist hilfreich.
- Kollegen, die aus der Praxis berichten, helfen den Einblick zu intensivieren.

2. Schritt: dem Team Portfolioarbeit schmackhaft machen

- Befragung des Teams
- Konstruktive Änderungsvorschläge sammeln
- Übung: Was kann ich und was will ich?
- konkrete Ziele für jeden im Team setzen

3. Schritt: Wo, wann und wie arbeiten wir mit Portfolios?

- Erarbeitung einer Struktur (Zeitmanagement, Organisation, Planung)

4. Schritt: die äußere und innere Form bestimmen

- Vorlagen suchen
- verschiedene Systeme ausprobieren
- Register und Rubriken überlegen
- Einheitlichkeit innerhalb der Kita

5. Schritt: Schulung des Teams

- Hospitieren in anderen Einrichtungen, die bereits Portfolios verwenden
- Beobachten üben – Objektivität entwickeln
- Reflektieren
- Formulieren

6. Schritt: ein Modellportfolio

- die eigene innere und äußere Form des Portfolios als Modell

Name ______________________ Datum ____________

Befragung

1. Was wünschst du dir für die Arbeit mit den Kindern?

2. Wie empfindest du unseren Tagesablauf/den in deiner Gruppe?

3. Hast du zu unserer Themenplanung eine Kritik?

4. Reicht dir die Vor- und Nachbereitungszeit?

5. Wie geht es dir mit unserer Beobachtungsform?

6. Hier kannst du einen Wunsch für den Kindergartenalltag aufschreiben:

7. Fühlst du dich innerhalb des Teams wohl/unwohl? Warum?

8. Wie empfindest du unsere Räumlichkeiten und Ausstattung?

______________________________ ______________
Name Datum

Ich bin im Team

Das bin ich!

Ich arbeite hier in der ______________ Gruppe

als ______________________________.

Am besten kann ich ______________________________.

Mit den Kindern mache ich am liebsten: ______________

____

Und das mache ich nicht gerne im Kindergarten:

____

____

An meinem Arbeitsplatz gefällt mit gut: ______________________________

____

____

Und das würde ich ändern: ______________________________

____

____

Wenn ich es könnte, würde ich gerne ______________________________

____

______________________________.

Wenn ich von der Arbeit nach Hause komme, mache ich zuerst ______________

______________________________.

11.6 Checkliste Material

Alles, was wir für die Portfolioarbeit brauchen

Material
- Ordner oder Mappen
- Klarsichthüllen
- Papier (verschiedene Farben)
- Tonpapier
- Fotopapier
- Kleber und Klebestifte
- Scheren
- Klebeband
- Illustrierte und Kataloge zum Ausschneiden
- Stifte (auch feine Schreibstifte für das Team)
- Radiergummis
- Spitzer
- Notizblöcke für das Team
- Kopiervorlagen – kopierter Vorrat
- Cutter

Geräte, Medien und Hilfsmittel
- Locher
- Tacker
- Laminiergerät und Zubehör
- Schneidemaschine
- Lexikon
- Atlas
- Globus
- Lupe

Technik
- Fotoapparat
- Videokamera
- Audiogerät (Diktiergerät, PC, ...)
- PC und aktuelle Programme
- Speichermöglichkeiten (Festplatte, CDs, ...)
- Drucker und Tinte
- Kopierer

11.7 Portfolios Kindern näherbringen

Schritte zur Einführung der Portfolios in der Kindergruppe

1. Fotos ansehen, auswerten, erstes Blatt gestalten

2. Ordner bekommen und gestalten

3. Regeln aufstellen
   - Das Portfolio ist ein Buch über mich. Hier hebe ich auf, was ich gelernt habe, was ich kann und was ich weiß. So kann ich später sehen, wie ich das alles gelernt habe.
   - Das Portfolio ist mein Eigentum, nur ich bestimme, wer hineinsehen darf.
   - Die Portfolios der anderen Kinder darf ich nur ansehen, wenn ich vorher frage.
   - Ich gehe sorgfältig mit dem Portfolio um und achte darauf, dass kein Blatt verloren geht.
   - In das Portfolio hefte ich alles, was mir besonders wichtig ist.
   - Bilder und Fundstücke, die ich gerade schön finde, kann ich in meiner Sammelschublade aufbewahren, sie kommen nicht ins Portfolio.
   - In der Portfoliostunde kann ich meine Sammelschublade ausleeren und die wichtigsten Bilder und Blätter ins Portfolio abheften.

4. erstes „Ich-Blatt" gestalten, evtl. zu Hause: „Meine Seite"

5. nach und nach weitere Möglichkeiten aufzeigen:
   - Lerngeschichten
   - Blätter nach vereinbarten Zielen gestalten
   - Kunstwerke
   - Fotos von Sammlungen

6. den Kindern den Teil der Eltern erklären und ein Blatt für die Eltern mitgeben (sobald die Eltern in die Portfolioarbeit eingeführt sind)

7. den Kindern den Teil des Kindergartens bzw. der Erzieherinnen erklären und eine erste Seite übergeben

Teamseite

von ______________________________ Datum ____________________

Das bin ich!

Ich arbeite in der ____________________ Gruppe

als ______________________________

von ______________ bis ______________ Uhr.

Meine Stärken: ______________________________

____

Hier bin ich Spezialist/in in der Kita: ______________________________

____

Im Team bin ich für ______________________________ zuständig.

Wenn es Diskussionen oder Streit im Team gibt, verhalte ich mich so: ______________

____

Ich wünsche mir für unser Team ______________________________

____

und für mich im Team ______________________________

______________________________.

Unser Team ist super, weil ______________________________

______________________________.

11.9 Symbole zu Bildungszielen

1. Ich und wir

2. Miteinander

3. Sprache

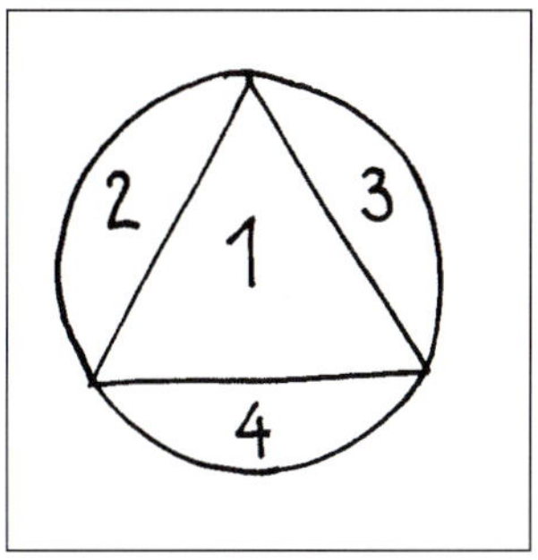

4. Allerlei Zahlen

5. Forschen und Bauen

6. Pflanzen und Tiere

7. Computer, Bücher und Fernsehen

8. Kinderkunst

9. Musik

10. Turnen, Laufen und Spielen

11. Ich bin gesund

______________________________ ______________
Name Datum

Ich bin ________ Jahre alt.

Ich bin ________ cm groß.

Ich wiege ________ kg.

Meine Schuhgröße ist

________.

Meine Lieblingsfarbe ist

______________________.

So sehe ich aus:

Meine Hand

Name ______________________ Datum __________

Das will ich wissen, …

… weil ______________________

____

____

____

______________________.

So habe ich es herausgefunden:

____

____

Name

Datum

Ein Experiment

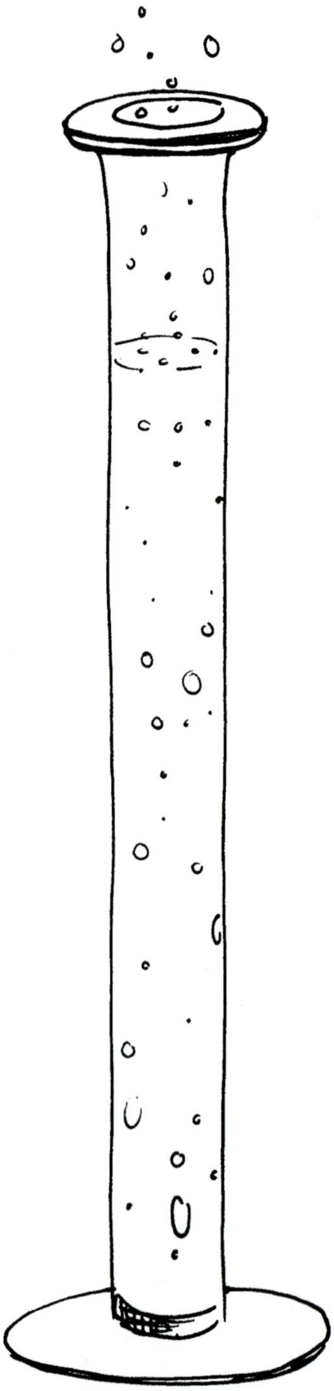

Name

Datum

Unterwegs

Hier war ich im Urlaub.

Hier hat es mir gut gefallen.

Hier möchte ich einmal hin.

Name

Datum

Meine Kindergartengruppe

Das sind wir!

Unsere Erzieherinnen

Name

Datum

Wenn ich groß bin, …

… bin ich

… habe ich

… und ich will unbedingt das hier machen:

Name ______________________ Datum ____________

Das möchte ich unbedingt einmal ausprobieren, …

… weil ______________________________

____

______________________________.

_______________________________________ _______________

Name Datum

Meine Freundinnen/Freunde

_______________________ _______________________

Name des Freundes/ der Freundin Name des Freundes/ der Freundin

Das machen wir gerne zusammen:

_______________ find ich so nett, weil _______________

Name

_______________________________________.

_______________ find ich super, weil _______________

Name

_______________________________________.

Name ______________________ Datum ____________

Meine Familie

Das sind wir, meine Familie und ich.

Ich habe eine Mutter, sie heißt ______________________.

Ich habe einen Papa, er heißt ______________________.

Ich habe Geschwister, ______________, ______ Jahre.

______________, ______ Jahre.

Mit meiner Famile mag ich gerne ______________________

______________________.

In den Ferien ______________________

______________________.

Vor dem Einschlafen ______________________

______________________.

Name ____________________ Datum __________

Mein Wörterbuch

____________________ bedeutet

____________________ bedeutet

Diese Wörter finde ich lustig:

____________________ ____________________

____________________ ____________________

Diese Wörter habe ich neu gelernt:

____________________ ____________________

____________________ ____________________

Diese Wörter habe ich erfunden:

____________________ ____________________

____________________ ____________________

Name ______________________ Datum ____________

Sport

Ein Purzelbaum gelingt mir schon fast. ☐

Ein Purzelbaum gelingt mir gut. ☐

Wenn ich mich bewegen will,

☐ tobe ich. ☐ klettere ich. ☐ hüpfe ich.

☐ tanze ich. ☐ spiele ich Fußball. ☐ renne ich.

☐ fahre ich Roller oder Laufrad. ☐ mache ich Purzelbäume.

Ich und meine Freunde beim Toben

Name ____________________ Datum __________

Musik

Diese Instrumente kenne ich schon.

Dieses Instrument will ich lernen.

Wenn ich lustig bin, mag ich

- [ ] lachen.
- [ ] pfeifen.
- [ ] tanzen.
- [ ] singen.

Wenn ich traurig bin, mag ich

- [ ] weinen.
- [ ] schlafen.
- [ ] singen.
- [ ] schreien.

Mein Lieblingslied ist ______________________________.

Welches Tier singt jeden Tag? ________________________.

Name

Datum

Ein besonderer Tag im Kindergarten

Name

Datum

Gesundheit

Ich kann schon Zähne putzen

☐ mit Hilfe. ☐ ganz alleine.

So sehen meine Haare aus:

Damit kämme ich meine Haare.

Das ist gesundes Essen.

Das ist lecker.

Name

Datum

Mathematik

Diese Zahlen kenne ich. (Male sie an!)

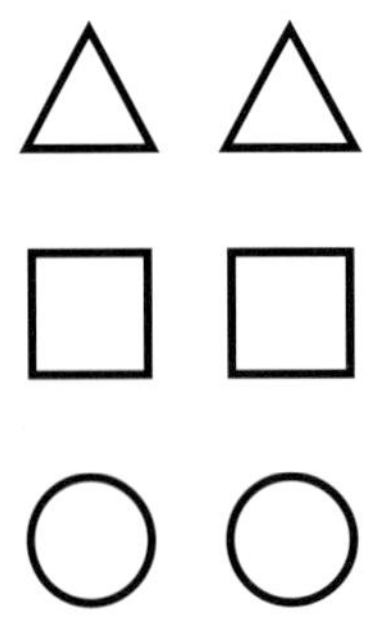

Zeichne noch mehr Dreiecke, Quadrate und Kreise!

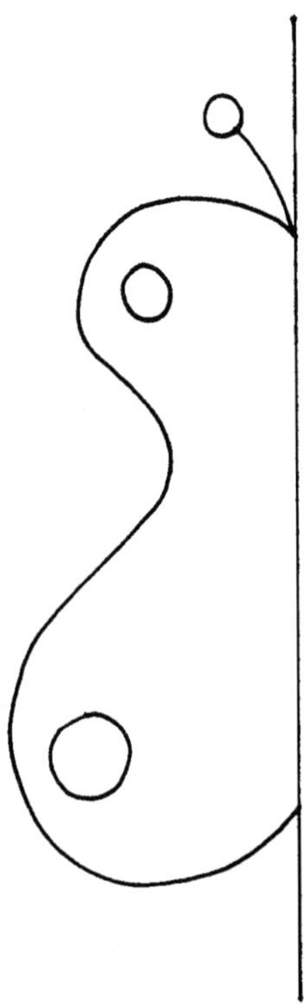

Kannst du mich fertig malen?

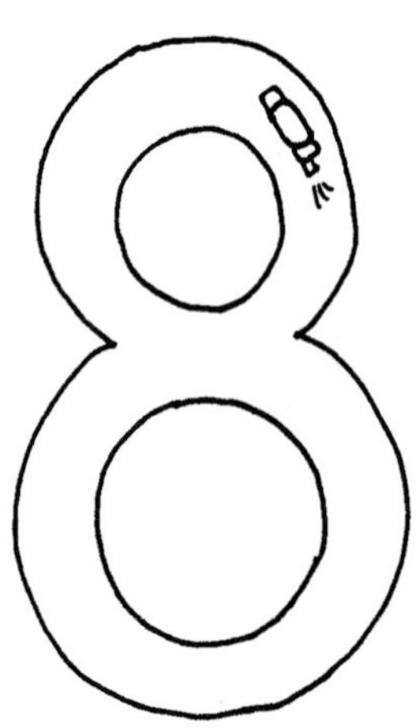

Fahre mit einem Stift den Weg des Autos nach!

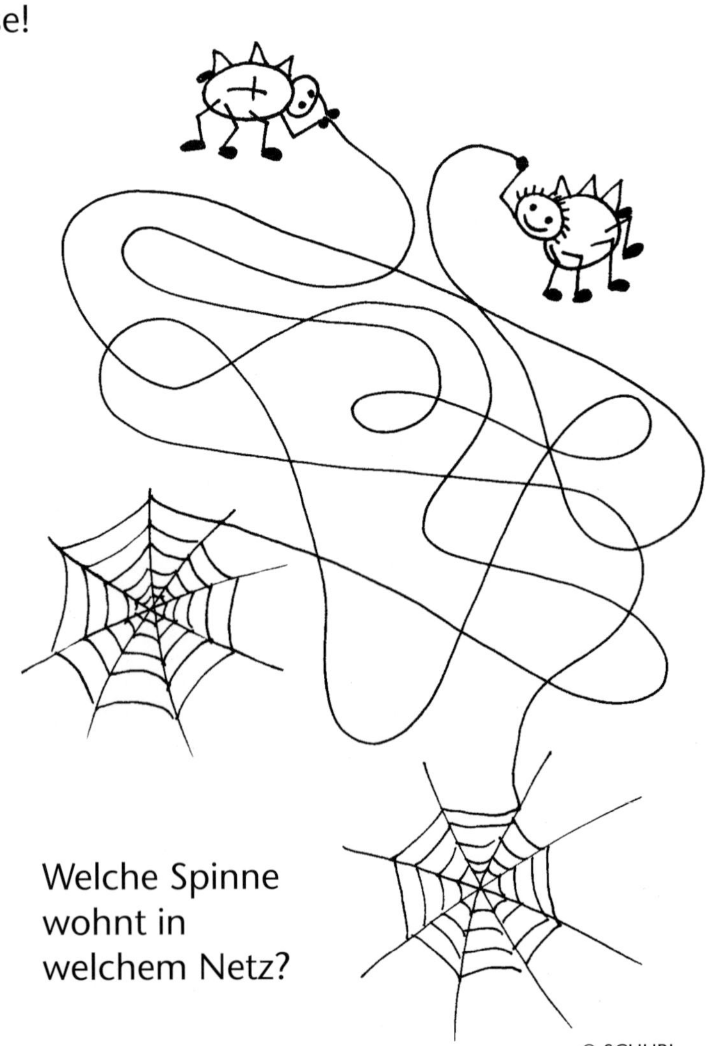

Welche Spinne wohnt in welchem Netz?

Name

Datum

Natur

Das ist ______________________________.

Ich habe es ______________________ gefunden.

Hier passt es gut hin, oder?

Name

Datum

Das ist:

Name ______________________ Datum ____________

Das ist mein Lieblingstier, …

… weil ______________________

____

______________________.

Name ______________________________ Datum ____________

Hier wohne ich:

An unserem Haus/unserer Wohnung gefällt mir ______________________________

____

______________________________.

Am liebsten bin ich ______________________________

______________________________,

weil ______________________________

______________________________.

Name

Datum

Das wünsche ich mir:

Name

Datum

Warum bin ich ich?

Name

Datum

Das will ich können, …

… weil

.

Hier lerne ich es.

Hier kann ich es!

Name

Datum

Das mag ich:

Spiel, Spielzeug

Tier

Ein schöner Platz im Kindergarten

Essen oder Trinken

Ich verkleide mich gerne als

Das mache ich gerne

Name

Datum

Das mag ich nicht:

Spiel, Spielzeug

Tier

Platz im Kindergarten

Essen oder Trinken

Das mag ich nicht anziehen

Das mache ich nicht gerne

Name

Datum

Schneiden

Das habe ich alleine ausgeschnitten und aufgeklebt.

Liebe Eltern,

wir freuen uns, dass Sie unsere Gruppe heute besuchen und Ihr Kind einmal in seinem Kindergarten-Alltag erleben möchten.

Wenn Sie möchten, können Sie sich während Ihrer Hospitation mit folgenden Fragen beschäftigen, die Ihnen helfen werden, Ihr Kind und seine Gruppe von verschiedenen Standpunkten aus zu betrachten:

1. Wie begegnet Ihr Kind anderen Kindern?
2. Welcher Beschäftigung geht es als Erstes nach?
3. Kann Ihr Kind sich bei Problemen helfen?
4. Wie hilft sich Ihr Kind bei einem Problem?
5. Mit wem spielt Ihr Kind?
6. Beteiligt sich Ihr Kind an Gruppenaktivitäten?
7. Fühlt Ihr Kind sich wohl?
8. Wie fühlt es sich an, nur zu beobachten?
9. Wie halte ich es aus, wenn mein Kind Probleme hat (Streit, Schmerz usw.) und ich nicht eingreifen kann?
10. Welchen Eindruck macht das freie Spiel auf mich?
11. Wird dort „nur“ gespielt?
12. Wird dort auch gelernt?
13. Welchen Eindruck machen die Erzieherinnen auf mich?
14. Gehen sie auf die Kinder ein?
15. Geben sie den Kindern ausreichend Anregungen?
16. Welchen Eindruck machen die Räumlichkeiten auf mich?
17. Wie empfinde ich den zeitlichen Ablauf des Vormittags?

Wir können uns, wenn Sie möchten, anschließend oder an einem anderen Tag über Ihre Eindrücke unterhalten. Vielleicht möchten Sie Ihrem Kind auch einen Beitrag für das Portfolio gestalten – zum Beispiel einen kurzen Brief über Ihren Besuch.

Nun wünschen wir Ihnen einen interessanten und fröhlichen Vormittag!

Das bin ich!

Wenn mein Kind im Kindergarten ist, mache ich Folgendes:

____

____

Mein(e) Kind(er) heißt/heißen

____

______________________________.

Mit ____________ spiele ich am liebsten ______________________.

Im Kindergarten finde ich gut: ______________________

____

Das würde ich ändern: ______________________

____

____

Wenn ich mal einen ganzen Tag „frei" hätte, würde ich: ______________

____

____

____

Das kann ich besonders gut: ______________________

____

Das möchte ich ____________ lehren/beibringen, weil ______________

____

____

____

______________________________.

Name ______________________ Datum __________

Für ______________________

Ich kenne Dich, weil ______________________.

Das bin ich.

Das sind wir.

Am liebsten mag ich an Dir ______________________

______________________.

Mit Dir zusammen macht es Spaß ______________________

______________________.

Für Dich!

Name _______________ Datum _______________

Früher

So sah ich aus.

Damit habe ich am liebsten gespielt.

Da war ich ______ Jahre alt.

Hier war ich zu Hause.

Mein erster Schultag

Als ich Kind war, ________________________________

____

____

____.

ICH

Name

Datum

Ich bin ______ Jahre alt und

gehe in die ______ Klasse.

Ich bin ______ cm groß.

Meine Lieblingsfächer sind ____________________

____________________________________.

Das bin ich!

Das kann ich besonders gut:

Das will ich mal werden:

Im Hort finde ich gut:

Das mache ich gerne:

Meine besten Freunde/Freundinnen sind: